D1654852

Bernd A. Mertz

Der Ägyptische Tarot

Bernd A. Mertz

Der Ägyptische Tarot

Ein Einweihungsweg

Mit neugeschaffenen Karten
der großen Arkana
von Kamilla Szij

Verlag Hermann Bauer
Freiburg im Breisgau

CIP-Kurztitelaufnahme der Deutschen Bibliothek

Mertz, Bernd A.:
Der ägyptische Tarot : e. Einweihungsweg / Bernd A. Mertz.
Mit neugeschaffenen Kt. d. Grossen Arkana von Kamilla Szij. –
Freiburg im Breisgau : Bauer, 1987.
  ISBN 3-7626-0324-3

1987
ISBN 3-7626-0324-3
© 1987 by Verlag Hermann Bauer KG, Freiburg im Breisgau.
Alle Rechte vorbehalten.
Satz: studiodruck, Nürtingen.
Druck: Systemdruck, Freiburg im Breisgau.
Bindung: Großbuchbinderei Spinner, Ottersweier.
Printed in Germany.

Inhalt

Wozu dieses Buch? 7
Die Erkenntnis im alten Ägypten 11
Die Seele im ägyptischen Mythos 16
Die Wege zur Einweihung 20
    Osiris 25
    Isis 29
    Horus 30

Die Karten der großen ägyptischen Arkana 33
Zur Betrachtung der Karten 35
Die Karten des Einweihungsweges 41
    Der Uneingeweihte 43
    Der Magier 51
    Die Hohepriesterin 57
    Die Pharaonin 63
    Der Pharao 69
    Der Hohepriester 75
    Die zwei Wege 81
    Der Wagen des Osiris 87
    Die Gewissenswaage 93
    Der Einsiedler 99
    Sphinx 105
    Die Kraft 111
    Der Hängende 117
    Die Schwelle 123
    Die zwei Urnen 129

Dämon 135
Der Turm 141
Der magische Stern 147
Der Mond 153
Die Sonne... 159
Die Auferstehung 165
Das All 171

Die Gottdreiheit und ihre Forderungen 177
   Der Osiris-Weg 180
   Der Isis-Weg 182
   Der Horus-Weg 184
   Die Wege der Gottdreiheit 186

Der praktische Gebrauch der zweiundzwanzig Karten
der großen Arkana des Ägyptischen Tarot 187
Drei Auslegearten 189
   Der kleine ägyptische Leitstern 190
   Der große ägyptische Leitstern 197
   Die Wege des Thot 204

Nachwort 217
Literaturverzeichnis 219

Wozu dieses Buch?

Paris vor gut zweihundert Jahren – anno 1781. Eine Frage, die Court de Gebelin in seinem Werk *Monde primitif* stellte, fand in den esoterischen Kreisen von Paris, die wie Pilze aus dem Dunklen schossen, größte Beachtung. Gebelin fragte recht geheimnisvoll und langatmig:

»Stellen Sie sich die Überraschung vor, die entstehen würde, wenn heute ein altes ägyptisches Buch wieder entdeckt würde, ein Buch aus dem alten Ägypten, welches von den Flammen beim Brand der berühmten Bibliotheken verschont geblieben wäre und welches das tiefe und klarste Wissen der alten Ägypter enthalten würde. Bestimmt würde jeder begierig sein, in die Geheimnisse eines solchen außerordentlichen Werkes einzudringen.
Würde ich Sie nicht sehr überraschen, wenn ich behauptete, daß dieses Buch zu keiner Zeit verloren war und daß es seit sehr langer Zeit in großen Teilen Europas sozusagen in den Händen jedermanns zu finden ist? Das Erstaunlichste aber wäre, wenn man versicherte, daß keiner jemals vermutet habe, es sei ägyptisch, und daß man es besäße, ohne es zu kennen; daß kaum jemand versucht hat, ein Blatt zu entziffern, daß die Frucht außerordentlicher Weisheit wie ein Haufen extravaganter Figuren angesehen wird, welche an sich nichts bedeuten.«

Dies die Frage, auf die Gebelin selbst die folgende Antwort gab:

»Tatsache ist: Dieses ägyptische Werk hat als einziges bis zum heutigen Tag überlebt, nachdem alle Schätze und alles Wissen der ägyptischen Bibliotheken verlorengegangen sind. So populär ist es geworden, daß sich kein Weiser darum bemühte, über seine Herkunft nachzudenken. Niemand außer mir hat es getan...«

Und dann, an anderer Stelle:

»... in einem Wort, es handelt sich um das *Tarot-Spiel!*«

Dieses alte Buch wollen wir entschlüsseln und neu auflegen – darum dieses Buch mit den neuen, den alten nachempfundenen Karten.

Die Herkunft des Tarot läßt sich nicht mit hundertprozentiger Sicherheit nachweisen, doch wer nur einmal in den Tempeln oder Gräbern der alten Ägypter gewesen ist, der wird die verblüffende Übereinstimmung sehr vieler Bilder und malerischer Darstellungen – was die Grundmotive betrifft – mit denen der zweiundzwanzig Bildgesetze der großen Arkana des Tarot entdeckt haben und wissen, daß die alten Tempelaussagen auch heute noch Gültigkeit haben, weil sie urmenschliche Entwicklungsstufen und Erkenntnisse wiedergeben. Sicher ist zudem auch, daß die Priester die Suchenden und zunächst Uneingeweihten mittels dieser Bildmotive belehrten und sie so in die Geheimnisse des esoterischen Wissens einführten.

Die Esoterik stand damals im Mittelpunkt eines jeden religiös-orientierten Studiums, das den Zweck verfolgte, den Sinn des Lebens klarzulegen, damit das Leben sinnvoll ausgefüllt werden konnte. Die zweiundzwanzig Bildmotive der großen Arkana enthalten die Erkenntnis- und Entwicklungsstufen eines Lebens; sie stellen die Meilensteine des Weges dar, den die Uneingeweihten einschlugen, um zu Adepten, zu Eingeweihten zu werden.

Dabei spielte weniger die gedankliche Logik die Hauptrolle, obwohl auch diese geschult wurde und es schon damals ein naturwissenschaftlich orientiertes Denken gab, als vielmehr die Tatsache, alles mit einem inneren Wissen, das zum Glauben wurde (und nicht umgekehrt) zu erfassen. So ging es bei der Einweihung weniger um die verstandesmäßig ausgerichtete, von jedermann nachzuvollziehende Logik, als um ein inneres Verständnis für das Wissen der menschlichen Seele und das Eingebettetsein in eine große Ordnung des Kosmos.

Es erscheint daher auch folgerichtig, daß der alt-ägyptische Tarot – wenn auch neu nachempfunden und künstlerisch gestaltet – nicht zur banalen Wahrsagerei mißbraucht wird. Die Arbeit wird zeigen, daß der sehr viel größere Gehalt dieser Karten darin liegt, sich selbst zu begegnen, um sich so in die Welt der Esoterik einzuleben. Aus diesem Grund besteht das dazugehörige Tarot-Deck auch nur aus den zweiundzwanzig Karten der großen Arkana.

Die kleinen Arkana der je vier Farben entfallen vollends; diese gelten auch sonst mehr als Zähl- oder Hofkarten, ohne allzu große Bedeutung in ihren Aussagen. Nicht ohne Grund hat sich aus ihnen daher auch das gewöhnliche Kartenspiel herausgebildet, mit dem man sogar um Geld oder andere Gewinne spielt, was gewiß mit Esoterik nichts zu tun haben dürfte.

Die Blätter der großen Arkana bestehen aus einundzwanzig Bildern plus der Karte »Der Narr«, die als Bezifferung die Zahl Null beziehungsweise Zweiundzwanzig trägt, beides Zahlen, die außerhalb der zwei heiligen Zahlen Drei und Sieben liegen, die in ihrer Multiplikation die Zahl Einundzwanzig ergeben. Man vermag ferner zu folgern, daß vor der Eins und nach der Einundzwanzig alles närrisch ist – beziehungsweise als uneingeweiht zu betrachten sei.

Die Karte »Der Narr«, die im vorliegenden Tarot »Der Uneingeweihte« heißt, führt uns zum Einweihungsweg und nach diesem Weg zu einem weiteren Pfad, der uns helfen soll, eine weitere Höhe in unserer Entwicklung zu vollziehen. Wenn es um die Deutung und Bedeutung dieser Karten geht, wird deutlich werden, daß es gerade die alt-ägyptischen Weisheiten sind, denen wir begegnen, wenn wir unsere eigenen Lebenserfahrungen machen. In solchen Momenten zeigt sich, wie zeitlos diese Blätter sind, wodurch sich diese Karten nicht nur als sehr modern, sondern auch als außerordentlich zeitgerecht erweisen.

Die ägyptische Todesgöttin – Symbol der Karte Dreizehn – sagt in den alt-ägyptischen Mythen einmal:

»Ich habe das Gestern gesehen –
Ich kenne das Morgen.«

Dies läßt sich auch auf das vorliegende Spiel beziehen, da es uns die Erkenntnisse und Weisheit der Vergangenheit vermittelt, um für heute und morgen gerüstet zu sein.

Dies kommt ganz besonders in den *drei* Auslegearten zum Ausdruck: im »kleinen ägyptischen Leitstern« für die Tagesaufgaben und dem »großen ägyptischen Leitstern« als Motto für das im Moment anstehende Lebensziel. Seinen Schatten begegnet man in der Auslegeart »Die Wege des Thot«, die jedem deutlich macht, daß sich keiner nur die Sonnenseiten des Lebens oder einer Sache aussuchen kann und darf.

Die Erkenntnis im alten Ägypten

Eine Feststellung am Anfang, damit wir die Bilder des alt-ägyptischen Tarot richtig aufnehmen: Alle Malereien in den Tempeln und Grabkammern, auf die wir uns in den großen Arkana beziehen, sind magisch belebt zu denken. Diese magische Belebung erklärt den Wirkcharakter, den diese Motive noch heute ausüben. Die Magie, ja alles Magische, spielte im ägyptischen Raum und seiner Geschichte stets eine bedeutende Rolle und wandelte sich später zur Mystik. Wie alt die ägyptische Kultur ist, läßt sich daran ermessen, daß die ältesten Skelette, die ausgegraben wurden, 60 000 bis 80 000 Jahre alt sind, so alt wie der Neandertaler. Allerdings bestand zu dieser Zeit in Ägypten bereits eine hochentwickelte Kultur, was sich an der Art der Bestattung nachvollziehen läßt. Sehr früh nämlich wurden die Toten auf Friedhöfen oder in Grabanlagen außerhalb der Siedlungen zur ewigen Ruhe gebettet, wobei man ihnen magische Figuren, Schmuck und andere Wegbegleiter beilegte. Die Toten wurden in der Hockstellung bestattet, ein Hinweis auf die Vorstellung, daß sie sich von nun an auf einer großen Fahrt befänden.

Angst vor den Dämonen des Todes existierte kaum, denn mit der Steigerung der Magie zur Mystik ging eine Art Vergöttlichung der Dämonen einher, die man mit in die göttliche Welt einzuordnen suchte. Die Bildwerke, die man auch zu diesem Zwecke fertigte, wurden von den Ägyptern übrigens »Lebendigmacher« genannt, und auch die Bildhauer nannte man so. Diese Bildwerke und Statuen hatten in erster Linie den Sinn, Behälter für die Lebenskraft der Verstorbenen zu sein, was für die Deutung der Tarotkarten besonders wichtig ist, da die Ägypter glaubten, den Verstorbenen mittels magischer Riten Lebenskraft und Odem einhauchen zu können.

Von daher ist auch verständlich, daß die Karte »Der Uneingeweihte« (sonst in der Regel »Narr« genannt) sowohl vor wie nach den Karten der großen Arkana als Nummer 0 und XXII eingeordnet wird. Er steht am Anfang und am Ende, in dem ja bereits ein neuer Anfang liegt. Eine Tatsache, die bisher meist übersehen wurde, weist in ganz besonderem Maße auf die ägyptische Herkunft des Tarot hin: Die Karte II »Die Herrscherin« oder »Die Pharaonin« liegt vor der Karte IV »Der Herrscher« oder »Der Pharao«. Nur aus der Geschichte der ägyptischen Herrscherhäuser wird verständlich, warum die Pharaonin *vor* dem Pharao zu liegen kommt. Wohl noch aus der Zeit des Matriarchats herrührend stand, vor allem, was die Herrschaftsfolge betraf, die Frau vor dem Mann, besonders in der dritten und vierten Dynastie, und dieses Prinzip durchzieht auch die gesamte alt-ägyptische Geschichte.

Diese überlieferten Gesetze hatten jedoch auch zur Folge, daß Geschwisterehen geschlossen wurden, wenn es darum ging, Thronansprüche durch die Heirat mit einer Prinzessin zu legitimieren. Hierbei darf nicht außer acht gelassen werden, daß sich die Pharaonen immer auch als Gottkönige verstanden, die folglich auf Erden nur stellvertretend für die Gottheiten herrschten. Daher wurden die Pharaoninnen auch als direkte Vertreterinnen der Isis gesehen, was in der Karte III treffend zum Ausdruck kommt.

Wenn es also von der Königstochter abhing, wer Pharao wurde, wenn sie nicht selbst nach dem Zepter griff, ist es nur logisch, daß die Pharaonin (Herrscherin) vor dem Pharao (Herrscher) kommt. Doch auch Pharaoninnen selbst standen mit sehr viel Geschick an der Spitze ihres Staates. Das bekannteste Beispiel dafür ist die Pharaonin Hatschepsut. Ihr fast dreißig Meter hoher Obelisk ist noch heute in Karnak zu bewundern.

All dies spricht dafür, daß die Motive des Tarot uralt sind, wenn auch die meisten Spiele, die heute auf dem Markt sind, als Zeitprodukt zu bezeichnen wären, die den Trend und die Mode ihrer jeweiligen Herkunftsepoche widerspiegeln. Um so wichtiger scheint es daher zu sein, sich wieder mit den ursprünglichen Bildern des Tarot auseinanderzusetzen, um ihren ursprünglichen Sinngehalt zu ergründen.

Die alt-ägyptische Kultur hat zweifelsohne auch unsere abendländische Kultur entscheidend mitgeprägt, wie es schon der große griechische Historiker Herodot feststellte, als er uns die ersten Berichte aus und über Ägypten überlieferte. Herodot schrieb unter anderem, daß die Ägypter als erste überhaupt das Jahr gefunden haben (womit das Sonnenjahr gemeint war, das immerhin die Grundlage für unsere Astrologie darstellt). Die Ägypter teilten ferner – nach Herodot – das Jahr in zwölf Monate ein, weswegen sie auch zwölf Hauptgötter kannten, die die Griechen dann übernommen haben.

In Ägypten wurden den Göttern auch die ersten Altäre errichtet und später Tempel, die mit den Bildern der Gottheiten geschmückt waren. Herodot berichtet ferner, daß so gut wie alle Götternamen, die von den Griechen und später auch von den Römern übernommen wurden, ägyptischen Ursprungs sind.

Wie heilig den Ägyptern ihre Tempel waren, geht schließlich daraus hervor, daß sich niemand im Tempel begatten durfte, wie es auch ein Tabu war, nach einem Beischlaf ungewaschen einen Tempel zu betreten. Diese Beispiele belegen bereits, wie übergenau die ägyptischen Priester die Überwachung und Einhaltung der religiösen Sitten nahmen. Es waren dieselben Priester, die mit aller Strenge die Einweihungszeremonien überwachten, denn eingeweiht durfte nur werden, wer sich hierfür als würdig erwies. Daher waren schon die Vorprüfungen sehr wichtig; erst nachdem sie bestanden waren, wurde mit der Schulung zur Einweihung begonnen.

Es gab so viele Aspiranten, daß eine strenge Auswahl möglich war. Die Einweihung galt als besondere Auszeichnung, aber auch als Verpflichtung, mit dem dadurch erworbenen Wissen den Gottheiten und damit den Menschen zu dienen. Die Einweihung vermittelte auch die Erkenntnis, daß die Seele des Menschen unsterblich sei. Zwar war dieser Glaube unter allen ägyptischen Völkern (Ägypten bestand aus mehreren Volksstämmen) weit verbreitet, aber die Eingeweihten glaubten nicht nur an ein Weiterleben, sie wußten davon, auch wenn das unserem heutigen naturwissenschaftlichen Denken fremd vorkommt.

Wissens- und Lehrgrundlage jeder Einweihung war das Buch Thot. Thot war der Gott der Zeit, der Gott der Wissenschaften, und die meisten seiner Eigenschaften wurden später auf den griechischen Chronos beziehungsweise auf den römischen Saturn übertragen. Thot, der nichts mit Hermes Trismegistos, dem dreimal Größten, zu tun hat, wurde oft mit einem Ibis-Kopf, manchmal auch mit einem Pavian-Kopf dargestellt. Der storchenähnliche Ibis kündigte eine entscheidende Zeitenwende an, da er mit der Nilschwemme kam, die eine Zeit der Fruchtbarkeit anbrechen ließ.

Das Buch Thot soll ursprünglich nur aus den 22 Bildern der großen Arkana des Tarot bestanden haben, was aber nicht zu belegen ist. Wahrscheinlicher ist, daß diese 22 Bilder zwar auch in dem Weisheitsbuch enthalten waren, zumindest als Grundmotive, daß aber in diesem Buch doch noch mehr Inhalt verborgen war. Es gibt jedoch auch Hinweise darauf, daß sich die zukünftigen Adepten (Eingeweihten) während ihrer Einweihungsphase in Schule und Tempel mit diesen heiligen Bildern auseinandergesetzt haben, wozu auch Meditationen über den Inhalt der Bilder gehörten.

Ziel dieser Meditationen war, daß der Verstand aufnehmen und als Wissensgut begreifen sollte, was die Seele bereits wußte. Ähnlich arbeiten heute etwa die Psychologen oder Psychoanalytiker, die das seelische Wissen oder das, was im Unterbewußtsein gespeichert ist, ins Bewußtsein transferieren wollen. Hier geht es jedoch mehr um die persönlichen Erinnerungen der Seele, während es im alten Ägypten auch eine Erberinnerung gab, die unter anderem den Glauben an die Wiederverkörperung beinhaltete. Dieser Glaube trug die ägyptische Religion und war Anlaß für die Einbalsamierung der Leichen, denen so die Reise in eine andere Welt erleichtert werden sollte. Wir wissen heute, daß die Mumien auf der Erde geblieben und ohne Leben sind, daß es eine *Wiederverkörperung* im Sinne einer Auferstehung des Leibes nicht gibt, sondern daß die Weiterexistenz im astralen Bereich stattfindet, aus dem die Seele kommt und in den sie zurückkehrt.

Form und Gestalt sind also nicht wesentlich, sondern der Inhalt, das Geistige, um das wir uns bemühen müssen.

Die ägyptischen Priester hatten wohl auch als erste begriffen, daß die Gottheiten keinesfalls bereit waren, den Menschen ihr gesamtes Wissen ohne Gegenleistung, das heißt ohne ernste Bemühung, zu offenbaren, daß es aber doch mehr Wissen gibt, als es sich der Durchschnittsmensch vorzustellen vermag. Heute zitieren wir noch in diesem Sinn »Es gibt mehr Dinge zwischen Himmel und Erde, als die Schulweisheit sich träumt.«

Dieses Wissen um *mehr Dinge* findet sich auch in den 22 Karten der großen Arkana, ja man kann sagen, daß diese 22 Bildmotive in teilweise verschlüsselten Symbolen das gesamte Wissen enthalten, das den Menschen offenbart werden kann, wenn dieses Wissen auch noch nicht das göttliche Wissen an sich darstellt. Aber wer diese

Symbole aufgenommen, begriffen und damit verstanden hat, der weiß mehr als der Durchschnitt, der ist auf dem Wege, ein Adept, also ein Eingeweihter oder ein Jünger zu werden.

Leider enthalten die meisten modischen Tarotspiele, selbst die aus dem späten Mittelalter, nur oberflächliche, nicht verstandene Symbole. Manche Karten sind nur als Spielerei zu betrachten, da sie lediglich vordergründige Bilder zeigen, deren Sinn, Wesen und Inhalt völlig verlorengegangen ist. Das hier vorliegende Spiel ist zwar neu geschaffen, beruht aber doch auf den ältesten ägyptischen Motiven, mit denen wir einen für unsere Zeit gültigen Einweihungsweg nachvollziehen können. Es geht um das tiefe Mysterium des Buches Thot. Jede Tarotkarte steht für einen Entwicklungsabschnitt, den wir bei Menschen widergespiegelt finden können, aber nicht müssen. Jede Karte stellt eine mögliche Erkenntnisstufe dar, über die wir dem Sinn des Lebens nahe oder zumindest näherkommen können.

Dabei scheint es wichtig zu sein, daß sich jede menschliche Erfahrungs-Entwicklung nicht in der Reihenfolge abzeichnet, die der Numerierung und damit der Folge der Karten entspricht. Im Leben sind die Karten gemischt; wir springen oft von einer Erfahrungsstufe zur übernächsten oder erleben gar noch größere Sprünge – vorwärts wie rückwärts. Dies ist durch die Grundlebensauffassung eines jeden bestimmt, durch Erziehungseindrücke, durch Schicksalsabläufe.

Aber in jedem Sprung von einer Karte zur anderen steckt ein geheimer Sinn, den wir ergründen müssen. Die Erkenntnis dieses Sinns kann uns zu unserer Mitte führen, aus der erst die gesamte Kraft abrufbar ist, die jedem von uns zur Verfügung steht. Es geht um die Mitte zwischen Körper und Geist auf der einen und um die der Seele auf der anderen Seite. Ist diese Mitte gefunden, erleben wir das Schicksal als Ablauf einer großen, weil göttlichen Dimension.

Die Seele im ägyptischen Mythos

Das Seelische hatte im alten Ägypten stets eine vorrangige Bedeutung. In der »heiligen« Literatur begegnen wir immer wieder *drei* Begriffen für Seele, nämlich Ka, Ba und Ach. Diese Begriffe stehen nicht nebeneinander, sondern sind kaum voneinander zu trennen, da sich ihre Bedeutungen überdecken oder vermischen. So können sie auch einzeln nur unvollständig erläutert werden. Versuchen wir es aber dennoch einmal:

Die im Menschen lebenden, zeugenden und bewahrenden Kräfte, die gleichgestaltig mit dem Leib entstehen – und zwar noch vor der Geburt – werden als Ka bezeichnet. Ka stellt folglich die schöpferische Gottheit dar, die in jedem Menschen wirkt, die gleichbleibende Lebenskraft; daher bedeutet »zum Ka gehen« auch sterben. Ka ist also das, was lebt, ob wir das Leben empfinden oder nicht. Nach dem Totengericht (Karte VIII) flog der Ka, wenn das Gericht das Herz nicht verurteilt hatte und es nicht dem Anubishund vorgeworfen wurde, zurück in die Hülle des Körpers, um diesen erneut zu beleben, also eine Wiederverkörperung zu ermöglichen.

Ba ist die Psyche, die sich nach dem Tod vom Körper trennt und in den Himmel aufsteigt. Dies ist vergleichbar mit dem letzten Atemzug im Karma-Ablauf, mit dem die Seele den Körper verläßt, nachdem sie mit dem ersten Atemzug in den Körper eingetreten war, um hier während einer Lebensspanne ihre Erfahrungen zu machen, die sie auf den Weg zum Nirwana haben sollen, wenn auch nur eine Stufe nach der anderen. Ba kann nach dem Verlassen des toten Körpers nach eigenem Gutdünken handeln; nur Osiris kann den Ba veranlassen, sich wieder mit dem Leib zu vereinigen, um dann durch einen zweiten Tod für immer zu verlöschen.

Ach stellt die unsterbliche Kraft dar, die Götter wie Menschen verklären kann, steht aber auch in Zusammenhang mit Dämonen, die als Erscheinungen oder Wesen zwischen Gottheit und Mensch angesehen wurden.

Für die Glaubensvorstellungen der alten Ägypter waren auch die Begriffe Ren, Ib, Chet und Schut wichtig. Ren war die Bezeichnung für den Namen, durch den der Mensch erst seinen Wert erhält. Ib stand für das Herz, das den Körper (Chet) mit Leben erfüllt, sich aber auch mit Schut, dem Schatten, auseinanderzusetzen hat. Alle diese Seinskräfte machen insgesamt den Menschen aus und bestimmen sein Schicksal mit.

Diese Vielschichtigkeit spiegelte sich im gesamten Leben der alten Ägypter, was selbstverständlich auch in den Tarotmotiven zum Ausdruck kommt.

Hinzu kam die Überzeugung, daß alles – und damit auch der Mensch – in den Kosmos eingebunden war, was besonders in der Tempelarchitektur deutlich wird. Jeder Tempel sollte den Kosmos symbolisieren. So stellten die Pflanzsäulen (Papyrus oder Lotus) den Ursumpf dar, die Decke den Urhimmel (also den, der nicht mehr sichtbar ist), der erhöht gelegene Raum für das Kultbild symbolisierte den Urhügel. Die Hauptausrichtung des Tempels wurde durch den Obelisken vor dem Eingang markiert. Um die Sommersonnenwende stand die Sonne am frühen Morgen genau über seiner Spitze. Mittelpunkt eines jeden Heiligtums war das Götterbild, das meist im hintersten, dunkelsten Raum stand und entweder aus Stein oder einem Edelmetall geschaffen war.

Diese Götter wurden von den Betenden in der Überzeugung angesprochen, daß die Gottheiten auch auf Erden weilten, doch wurden die Statuen selbst nie als Gottheiten gesehen.

Die Statue war nur ein Gefäß, in das die Gottheit einziehen konnte, falls sie vorübergehend im Tempel wohnen wollte. Diese Vorstellung übernahmen später die Astrologen, die ja nie die Planeten mit den entsprechenden Gottheiten gleichsetzten, sondern immer vom Planeten der jeweiligen Gottheit sprachen. So war der Planet Saturn nur das Symbol des Saturnprinzips und der ihm zugeordneten Kräfte und Aufgaben.

Die Astrologie spielte im alten Ägypten eine wichtige Rolle, was am sichtbarsten im Sinnbild der Todesgöttin Selket zum Ausdruck kommt, da diese auf ihrem Kopf den Skorpion als Merkmal und Schmuck trägt.

Die Ägypter wußten um das Prinzip der guten und schlechten

Tage, was aber nicht im banalen Sinn zu verstehen war, sondern sich auf die hellen wie dunklen Seiten einer Sache bezog. Dieses Wissen um den gültigen Ablauf des Lebens schwor eine Gemeinschaft ein, in der die Eingeweihten die Führung übernommen hatten. Astrologen waren geachtet, sie galten als Eingeweihte und waren in ihrer ausübenden Funktion meist Priester. Sie übten ihr Amt auf den Dächern der Heiligtürmer, also der Gotteshäuser aus, was für ihr Ansehen und ihre Bedeutung spricht.

Nur »Höchst-Eingeweihte« durften den Raum betreten, in dem das Kultbild stand. Ihre Aufgabe war es, dort Rituale durchzuführen, wie das tägliche Öffnen des Schreins, die Morgentoilette für die Statue, die mit dem Verbrennen von Weihrauch abgeschlossen wurde, das Umkleiden der Statue, das Schließen des Schreins am Abend.

Dem Einfluß der Astrologen war schließlich die Ausbreitung der Erkenntnis zuzuschreiben, daß nur der Sonnengott Re oder Ra, der durch den gleichmäßigen Sonnenlauf symbolisiert wurde, die große Weltstruktur gewährleiste.

In Stellvertretung des Sonnengottes Ra wachte seine Tochter Ma'at über die höhere Gerechtigkeit auf Erden. Dies betraf allerdings keine irdischen Belange, sondern wirkte sich erst in der Endbeurteilung beim Totengericht aus.

Ma'at, das Symbol der Gerechtigkeit, wurde wiederum vom Pharao verkörpert, der sich selbst als Vertreter der Gottheit fühlte, was vom Volk (weniger von den Priestern) auch so angenommen wurde. Kein Wunder, daß die Bildwerke der Pharaonen oft verblüffende Ähnlichkeiten mit denen der Gottheiten aufwiesen.

(Der Name Pharao ist aus der Bibel überliefert und wurde vom ägyptischen *Per-aa*, was soviel wie großes Haus bedeutet, abgeleitet.) Das Abbild der Herrscher, später der führenden Personen des Landes, wurde stets als sehr wichtig angesehen, weil es den Wert eines Lebens bis weit über den Tod hinaus darstellte.

Der ägyptische Name für Lebensabbild ist *Schesep-Anch*. Daraus entstand das griechische Wort Sphinx. Die oder der Sphinx wurde oft mit Löwenkörper und Menschenantlitz gestaltet, wobei das Antlitz meist Ähnlichkeit mit einem Pharao aufwies. Bei der Betrachtung der Seelenwelt der Ägypter müssen wir uns immer wieder darüber klar sein, daß den Ägyptern unsere heutige Verstandeslogik nicht nur fremd, sondern unbegreiflich erschienen wäre. Die Ägypter lebten nicht in einer Welt der abstrakten Begriffe, sondern in einer Welt der Bilder, wie sie auch das Eingebundensein in den Kosmos als Bild betrachteten. So wurde auch die Einweihung über Bilder gesucht und gefunden.

Die Wege zur Einweihung

Es sind *sieben* an der Zahl:

Der Weg des Uneingeweihten
Der Weg des Magiers
Der Weg der Hohepriesterin
Der Weg des Osiris
Der Weg der Isis
Der Weg des Horus
Die Wege des Thot

Der letzte Weg stellt bereits eine Auslegeart dar, in der jeder sein individuelles Licht und den dazugehörigen Schatten erkennen soll. Die ersten sechs Wege sind also Lern-Pfade, während der letzte Weg, die Auslegeart, sich bereits als erste Erfahrung zeigt.

In der gesamten Esoterik gibt es ein Prinzip, das besagt, daß alles seine Ergänzung in sich selbst hat. So kennt die Mitte das Oben und das Unten, das Links und das Rechts. Das Leben kennt die Vergangenheit und Zukunft, die Seele das Leben und den Tod, der Anfang das Ende und das Ende den Anfang. Der Tag braucht die Nacht, die Nacht den Tag, das Böse das Gute und umgekehrt. Das Begreifen der Esoterik beginnt damit, daß man den Gegensatz, der in allem liegt, nicht nur erkennt, sondern auch akzeptiert, wie zur geraden Zahl die ungerade Zahl gehört, zum Zeugen das Empfangen. Daher gelten auch die an sich hochheiligen Zahlen von eins bis neun, die uns zur Einweihung führen, als uneingeweihte Zahlen. Die Einzelzahlen bergen trotzdem noch das Unheilige in sich, weil sie ihre Ergänzung noch nicht gefunden haben.

So glaubten die Ägypter auch nie an nur *einen* Gott, außer in der Zeit des Echnaton, die aber in Relation zur Dauer der gesamten altägyptischen Geschichte gesehen nicht länger als eine Minute dauerte. Kaum war Echnaton verschieden, kehrten die Ägypter unter Führung der Pristerschaft von Theben wieder zu ihrer vielfältigen Götterwelt zurück. Der »Revolutionär« Echnaton (Amenophis IV) regierte nur 16 Jahre lang (1378-1362 v. Ch.). Er war der erste König, der den Monotheismus als Staatsreligion einführte und mit den traditionellen Glaubensvorstellungen brach. Echnaton ersetzte die alten Götter durch den einen Gott Aton. Nach seinem Tod aber kehrte ganz Ägypten zu den alten religiösen Vorstellungen und damit zu den als weise und gut erfahrenen magischen Riten zurück. Das Glaubensbild des Echnaton war als künstlich geschaffenes Bild weder von der Priesterschaft noch von den Adepten oder gar dem Volk angenommen worden.

Die Ägypter waren der Auffassung, daß alles – selbst die oberste Gottheit – einen Gegenpol, einen Widersacher benötigt. Im Grunde finden wir diese Überzeugung später auch in den abendländischen Mythen der Griechen und der Römer wieder, wie auch in den folgenden Religionen einschließlich des Christentums, wo Luzifer sich zum Teufel wandelt, der die Fackel gegen den einzigen schöpferischen Gott erhebt. Die Ägypter kannten den »Teufel« noch nicht, auch nicht den »Typhon«, der in den griechischen Mythen heimisch wurde. Der böse Gegenspieler war unfaßbar, lebte in jeder Gottheit wie in jedem Menschen und wurde eher als Dämon bezeichnet, weswegen in unserem ägyptischen Tarotspiel die Karte des Teufels (XV) auch den Namen »Dämon« trägt.

Die Sonne mußte täglich in die Unterwelt steigen und durch diese hindurchgeführt werden. Ferner tauchte der Sonnengott Re (auch als Ra bezeichnet) in Verbindung mit vielen anderen Gottheiten auf, wie um zu dokumentieren, daß erst eine Verbindung, ein Dualismus zum Ziel führt. Von daher sind auch die vielen Tiergottheiten verständlich, da Horus mit einem Falkenkopf, Hathor mit einem Kuhkopf und Thot mit einem Ibis- oder Paviankopf dargestellt wurde, während die Todesgöttin Selket auf ihrem Haupt voller Stolz den Skorpion trägt.

Weniger bekannte Gottheiten waren Thoeris, dessen Krokodilhaupt Furcht und Vertrauen einflößte, oder der Widdergott Chum, dessen goldene Hörner oft weit ins Land hinein glänzten. Die Katzengöttin Bastct wie die Löwengöttin Sechmet wurden mit den Köpfen dieser Tiere dargestellt, um zu dokumentieren, daß in den Tieren das Heilige lebt wie im Menschen das Tierische.

Re jedoch stellte stets die größte (nicht oberste) Gottheit dar; deswegen verbanden sich andere mit ihm, was besonders in den vielen Ortsgöttern zum Ausdruck kam. Selbst Echnaton, der nur eine Gottheit anerkennen lassen wollte, nannte diesen Gott Aton, den Herrn des Lebens, den Schöpfer und Erhalter der Welt, Re-Harachte. Dazu lesen wir:

*»... der im Horizonte jubelt,
in seinem Namen als das Licht,
das in der Sonne ist.«*

Dieser Glaube konnte sich aber nicht in anderthalb Jahrzehnten durchsetzen, denn es ist die Seele, die glauben muß, nicht der Verstand. Ein Gegenbeispiel kennen wir aus dem Christentum, wo die Jungfrauenverehrung verboten war, die doch solange in den Menschen weiterlebte, bis die katholische Kurie die Marienverehrung zulassen mußte. Was in der Seele lebt, ist das wahre Wissen, nicht was im Kopf spukt. So beruhen auch die Bilder der altägyptischen großen Arkana im Tarot auf uralten Seelenerfahrungen.

Nur die Seele hat so genau erfahren, daß der Dualismus, die Ergänzung, daß Start und Ziel, daß alles in uns ist. So herrschten auch Götter*paare* vor, wie Sonne und Mond und später etwa Venus und Mars oder Jupiter und Saturn. Dies alles galt aber schon für die Zeit vor der Schaffung der Ordnung in dieser Welt, für die Zeit nämlich, da alles Leben aus dem Urozean zu kommen schien.

Auch dies war ein Bild, das abgeleitet war von dem, was man jährlich am Nil erleben konnte, denn nach der Nilschwemme, die ganze Landstriche unter Schlamm und Wasser setzte, konnte jedermann beobachten, wie Inseln aus dem Wasser geboren wurden. So stellten sich die Ägypter auch die Schaffung der Erde vor, denn wer dieses Schauspiel zum ersten Mal mit naiver, beeindruckbarer Seele erlebt, dem bleibt es unvergeßlich, tief in die Seele eingegraben.

Es waren acht (Acht ist die Zahl der Unendlichkeit) Götter, also vier Gottpaare, die als Symbole der einst chaotischen Elemente herrschten.

Das erste Gottpaar wurde Nun und Naunet genannt. Dieses Götterpaar personifizierte die Urwasser und wurde (wie die meisten noch als chaotisch eingestuften Gottheiten) schlangen- und froschgestaltig dargestellt. Das zweite Paar hieß Huh und Hauhet und versinnbildlichte den unendlichen Raum, während das dritte Götterpaar dieser Epoche, Kuk und Kauket, für die Urfinsternis stand, für die ewige Tristheit. Das letzte Götterpaar dieser Zeit der Erschaffung der Welt aus dem Chaos hieß Amum und Amaunet und vertrat das leere Nichts der Unendlichkeit. Es war dann übrigens auch Amum, den man den Verborgenen nannte, der alle diese Gottheiten zusammengeweht hatte, um daraus nach seinem Schöpfungsplan die Ordnung dieser Welt zu schaffen. Heute erinnern uns diese vier Gottpaare etwa an die vier Elemente, die für die Griechen die Grundlage allen Lebens darstellten und die auch die Grundlage der Sternenkunde wurden.

So war es den »eingeweihten« Ägyptern stets selbstverständlich, daß nur ein Götterpaar, also *zwei* Gottheiten, etwas Neues schaffen und bewirken konnten. Dieses tiefverwurzelte Annehmen einer Ergänzung führte zu einer Vollkommenheit des menschlichen Denkens, das wir uns heute im Zeitalter des Individualismus, des Selbstverwirklichungskultes, kaum vorstellen, geschweige denn nachvollziehen können.

Diese Paar-Erfahrung, als Krönung aller innerer Reife, erfahren wir persönlich in der Auslegeart »die Wege des Thot«, da es hier in erster Linie um die Annahme des Schattens geht, womit wir eine tiefere Dimension des Buches Thot erleben, als es die anderen Tarot-Decks erlauben. Das vermag zu neuem Denken oder gar zu neuer Reife (auch zu einer verinnerlichteren Meditation) zu führen.

Für die praktische Arbeit mit den Karten bedeutet dies, daß wir uns bei den Karten mit den Zahlen I bis IX immer eine Null vor der Zahl denken müssen. Die Karte Null stellt den Uneingeweihten dar, so daß alle Karten mit Einzelzahlen im Zusammenhang mit dem Symbol des Uneingeweihten zu verbinden sind. Von Karte X bis IXX spielt immer der Magier mit, und bei den Karten XX bis XXI die Hohepriesterin. So fallen besonders die Karten heraus, bei denen die Null als zweite Ziffer erscheint, die Karten X und XX, die jeweils einen neuen Weg anzeigen, den wir auch als neue Entwicklungsstufe einordnen können. Erst jetzt erfassen wir in etwa die Magie der alten Ägypter, die stets als starke Kraft empfunden wurde.

Selbstverständlich kannten die Priester in Ägypten auch schon die Abart der Magie, die wir heute als Schwarze Magie bezeichnen. Damals war damit gemeint, daß die Magie als Abart (heute als schwarz) anzusehen und abzulehnen ist, die sich gegen die Religion, also gegen die Götter wendet.

Sie wurde dann sogar als Parasit der Religionen bezeichnet und mehrheitlich von der Priesterschaft verdammt. Diese Abart der Magie bestand darin, daß man mit magischen Kräften die Götter zu etwas zwingen wollte, was zur Folge hatte, daß sich die Götter nun gegen die Menschen wandten und es hinnahmen, daß der Untergang ihrer Religionen durch diese Abart der Magie sogar beschleunigt wurde, denn diese böse Magie drang in die Tempel ein, um den Zauber der Götter zu brechen, was zur Vernichtung von Schriften, Bildern und Statuen führte.

Doch die Weisheit der Götter ist unsterblich, weil die Seele dieses Wissen bewahrt, und die Seele stirbt nie. So blieb uns vor allem die Gott-Dreieinigkeit Osiris, Isis und Horus erhalten. Um diese drei Gottheiten ranken sich viele Legenden und Mythen, die oft verschieden zitiert und verändert weitergegeben wurden, so daß wir uns auf ihren Kern beschränken wollen.

Nach den gefundenen Papyrus-Rollen ist anzunehmen, daß sich bereits die Ägypter selbst in ihrer Mythenwelt kaum mehr zurechtfanden. Ihre Gottheiten waren so vielfältig, daß sie sich nicht in ein festes System einordnen lassen, ja daß sich viele Eigenschaften und Taten der Götter überschnitten haben, aber das ist auch von der griechischen und römischen Mythenwelt zu sagen. So ist es gut, in Stichworten den Ursprung der Osiris-Isis-Horus-Legende nachzuvollziehen, denn es herrschte, wenn auch mehr im symbolischen Sinn, zunächst der Sonnengott Re, aber auch der Schöpfergott Atum. Beide Gottheiten sind eines und doch wieder getrennt: Re und Atum verbinden sich mit dem Begriff Harachte zu Atum-Re-Harachte. Dieser wiederum zeugte Schu als Gottheit für den Luftraum und Tefnut für die Feuchtigkeit. Schu und Tefnut wiederum zeugten Nut, den Himmel, und Geb, die Erde. Drei dieser Gottheiten begegnen wir in der Zielkarte, der Karte Einundzwanzig unserer Arkana. Nut soll nun mit Geb die faßbareren Götter gezeugt haben, so daß man folgern kann, daß Himmel und Erde den Segen und das Heil gebaren. So galten Nut und Geb auch als diejenigen, die Osiris und Isis zeugten und gebaren, also schufen, genauso wie Seth und Nephthys, die in der Osiris-Isis-Horus-Legende auch wichtige Funktionen erfüllten, was aber für unser Vorwissen nicht so wichtig erscheint.

Osiris

Osiris gilt – nach den Schöpfungsgottheiten – als oberste Gottheit der ägyptischen Legenden, die sich nicht mehr mit der Schaffung der Welt beschäftigen, sondern mit dem Leben auf der Erde. Vom Leben des Osiris ist uns sehr wenig bekannt; bedeutsam ist jedoch die Tatsache, daß die Legenden der sogenannten »Götter zum Anfassen« einen Ablauf zeigen, der auf die Menschen übertragbar erscheint, der die Götter in einem gewissen Sinn vermenschlicht.

Plutarch, der sich, wie Herodot, sehr mit der ägyptischen Religion, der Kultur und der Tradition der Entwicklung beschäftigte, erzählt die Osiris-Legende auch nur bruchstückweise, sicher weil ihm selbst nicht mehr bekannt war. In der Legende wird Osiris sowohl mit der Sonne als auch mit dem Mond in Zusammenhang gebracht. Sein Leben wurde mit der Sonne, sein Tod und das Leben danach mit dem Mond gleichgesetzt, womit sich auch in dieser Legende der schon erwähnte Dualismus widerspiegelt.

Als Osiris (ähnlich wie später Zeus/Jupiter) zur Macht kam, leitete er viele Reformen ein, wodurch er jedoch den Widerstand seines Bruders Seth heraufbeschwor (Gegensatz zwischen Zeus und Hades). Seth war der Gott der Wüste, der Hitze, was nicht nur negativ zu sehen ist, wenn die Sonne auch gerade durch Hitze und Dürre viel Verderben bringen kann. Seth wurde auch stets mit dem Hundsstern in Verbindung gebracht, der ja für die Hitze verantwortlich betrachtet wurde. Immerhin wurde dieser Gott durchaus als Begleiter, ja als Beschützer der Sonne angesehen, da er sie auf ihren höchsten Stand begleitete, so daß sich manche Pharaonen, wie Sethos I, nach ihm benannten.

Wegen seiner Verbindung zum Hundsstern wurde Seth meist mit einem Hundekopf dargestellt, was sich im Tarot in der Karte XV »Dämon (Teufel)« widerspiegelt. Aber nicht nur sein Kopf war hundsähnlich, auch sein Körper glich mal einem abgemagerten, mal einem festen, wohlgenährten Hunde- oder Schakalkörper.

Das Positive an Seth war, daß er durch den Hundsstern die Nilschwemme ankündigte, die das Land jährlich befruchtete und daher stets sehnlichst erwartet wurde. Wenn der Hundsstern Anfang August zum ersten Mal kurz vor der Sonne am Himmel erschien, kündigte sich die Nilschwemme an. Nun wollte sich Seth seine Stellung als Begleiter des Schöpfers (Sonne) nicht von Osiris streitig machen lassen. Mit 72 Männern (die Zahl der Präzession, da sich in 72 Jahren die Sternbilder – nicht der Tierkreis – um ein Grad verschieben) überlistete Seth den Osiris und zerstückelte ihn. Hier bereits beginnt die Beziehung des toten Osiris zum Mond, der sich uns ja auch zerstückelt am Himmel zeigt, wenn wir die einzelnen Mondphasen nebeneinander setzen.

Osiris war scheinbar besiegt, nicht mehr vorhanden, da seine zerstückelten, toten Körperteile in alle Winde zerstreut wurden. Seth hatte jedoch nicht mit der Liebe der Isis zu Osiris gerechnet, die mit ihrer Schwester Nephthys die verstreuten Teile zusammensuchte. Nephthys gilt in manchen Legenden auch als Gattin des Seth, die seine mörderischen Taten (die Sonne versengt die Erde und zerstückelt den Mond, da ihr Licht den Mond immer in anderen Teilen sichtbar macht) nicht gut heißen konnte, so daß sie Isis zur Hilfe kam. Nephthys ist übrigens auch die Mutter des Anubis-Hundes, der mit dem Totengericht und der Unterwelt zusammengebracht wird.

Mit schwesterlicher Hilfe gelang es Isis, Osiris auferstehen zu lassen, so daß sie von ihm einen Sohn empfangen und gebären konnte. Da Osiris in vierzehn Teile zerstückelt war (die Phase vom Dunkelmond zum Vollmond als Zahl der Nächte), bedurfte es daher auch vierzehn Nächte, ehe das Werk gelang. Osiris wanderte nun zwischen Unterwelt und Oberwelt (Dunkel- und Vollmond), galt als Herr der Nacht, kehrte aber stets aus dem Dunkel zurück, um seinen Sohn Horus, den Isis inzwischen geboren hatte, für den Kampf gegen Seth zu rüsten.

Dies erklärt auch, warum Osiris zum Gott der Morgen- wie der

Abendsonne wurde, da der Mond als sterbende Mondsichel am Morgen in der Sonne verbrennt, aber als auferstandene Mondsichel aus der untergehenden Abendsonne wieder gezeugt wird. Wer jedoch Untergang wie Aufgang beherrscht, ist damit Herr über Leben und Sterben und somit die oberste Gottheit, die unsere Seele lenkt.

Osiris führte so den Ägyptern anschaulich vor, daß kein Leben durch den Tod zu Ende geht, sondern daß alle Toten wieder auferstehen *können*. Osiris war der *erste* auferstandene Gott, dem in vielen Religionen (in so gut wie allen) weitere Götter folgten, die die Auferstehung lehrten. Wer aber vom Sonnengott zum Totengott wird, und vom Totengott zum Sonnengott, der ist Vorbild und Maßstab zugleich. Diese Anschauung wurde zum Wissen der Seele, was sich später als ägyptische Weisheit in Worten so offenbarte:

»So wahr Osiris lebte, so wahr lebst auch du. So wahr er nicht stirbt, so wahr wirst auch du nicht sterben, so wahr er nicht vernichtet wird, so wahr wirst auch du nicht vernichtet.«

Von daher ist abzuleiten, daß fast alle Pharaonen der Ansicht waren, jeder einzelne von ihnen könne zu Osiris werden, und Osiris zu werden, war *das* esoterische Ziel jedes strebenden Ägypters, wie unzählige Grabtexte und Totenrituale belegen. Auch dieses spiegelt sich in den Karten der großen Arkana im ägyptischen Tarot wider, da die Karte I auch den Beginn des Osiris-Weges darstellt. Osiris wird in bildlichen Darstellungen immer mit Krummstab (Hirtenstab) und Wedel (Geißel) als Herrschaftsattribute gezeigt.

Diese Attribute symbolisieren die Macht zum Zusammenhalten einer »Herde« auch durch Strafen. Das Symbol des Wedels, der Geißel, ist klar, das Sinnbild des Krummstabes nicht so ganz, da nicht jedem bekannt ist, daß sich dieser Stab aus dem Hirtenstab entwickelt hat. Mit dem Hirtenstab war es möglich, die entlaufenden oder ausbrechenden Tiere an ihrem Bein festzuhalten und zur Herde zurückzuführen.

Osiris galt insgesamt als das gute Wesen, und wenn man auch vor ihm in seiner Richterfunktion zitterte, so hoffte man doch stets auf seine Gnade, die mit der himmlischen Gnade gleichgesetzt wurde, denn obwohl Osiris auferstanden war, zur Erde kehrte er nie mehr zurück. Dort vertrat ihn sein Sohn Horus, der mit seinem Falken zu den himmlischen Göttern, insbesondere zu Osiris hielt.

Osiris, der in sich die Verbindung von Sonne und Mond und mit zwei Hörnern das Bild der Mondsichel verkörperte, wurde deswegen auch mit dem Widder gleichgesetzt, beziehungsweise wurde der Widder als Tier des Osiris angesehen, womit ihm »heilige« Funktionen zugeordnet wurden. Daher kommt es, daß sehr viele Widder-Sphingen die Wege zu den Tempeleingängen zierten, wie heute besonders noch in Luxor und Karnak zu sehen ist – Zeichen dafür, daß sich die Seele im Tempel erneuert.

In Ägypten spielten zwei weitere Symbole eine wichtige Rolle. Das erste ist das Henkelkreuz.

Dieses Henkelkreuz heißt Anch-Kreuz und steht als Zeichen für das Leben (anch), weswegen es auf jeder Karte unseres Tarot-Decks zu finden ist.

Das zweite Symbol ist der Ded-Pfeiler, der auch zu den häufigsten Totenamuletten zählt.

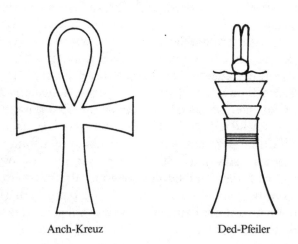

Anch-Kreuz   Ded-Pfeiler

Dieser Ded-Pfeiler zeigt meistens ein vierteiliges Gebilde am oberen Schaft, aber er kann auch mit menschlichen Armen oder mit dem Falkengott Horus beziehungsweise mit einer Sonnenscheibe oder einer Schlange dargestellt werden. Der Ded-Pfeiler galt stets als Rückgrat des Osiris. Er bedeutet: Beständigkeit – Erhaltung – Dauer.

Soviel zum Bild des Osiris, der jedoch ohne Isis undenkbar wäre, zumindest was seine Auferstehung und die Zeugung seines Sohnes Horus betrifft, so daß wir uns dieser Gottheit zuwenden wollen.

Isis

Isis ist die wichtigste Göttin Ägyptens. Zwar gibt es noch viele andere, die wir unter anderem auch bereits genannt haben, wie Bastet, Sachmet, Nut und Hathor, aber Isis spielte die zentrale Rolle, vergleichbar eigentlich nur mit der Marias innerhalb des Christentums. Isis ist sicher die Vorgängerin der Aphrodite und Venus, war selbst aber aus der babylonischen Astarte entstanden. Isis verkörpert alles, was in eine Frau, die man anbetet, hineinprojiziert wird. Sie galt als göttliche Geliebte, als selbstlose Mutter, als Schutzherrin aller Kinder, und sie war sogar die Gottheit, die mit dem Luftzug ihrer göttlichen Flügel Menschen Leben einhauchen konnte – kurz: sie stellte die *universale* Gottheit dar, von der es hieß:

» ... sie übertraf Millionen von Göttern ... es gab nichts, was sie nicht gewußt hätte im Himmel und auf Erden ... Sie war die Mutter der ganzen Natur, die Herrin aller Elemente, Anfang und Ursprung der Jahrhunderte ... die oberste Gattin, die Königin der Toten, die erste der Bewohner des Himmels ...«

Isis wurde meist mit der Sonnenscheibe und mit zwei Stierhörnern auf dem Haupt abgebildet. Ihr Kult verbreitete sich weit über die Grenzen Ägyptens hinaus. Selbst im späteren Rom kam trotz des verwandten Venus-Kultes ein Isis-Kult auf. Isis hatte eine Schwester, Nephthys, von der wir schon gesprochen haben, die aber nie in ihrer ausstrahlenden Wirkung an Isis heranreichen konnte.

Isis war vor allem auch die Schutzherrin der Liebenden und eine Weihegöttin. Die Isis-Priesterinnen spielten in Ägypten eine wichtige Rolle und hatten Machtstellungen inne. Keiner Ägypterin wäre es eingefallen, es mit einer Isis-Priesterin zu verderben.

Isis war – wie Seth, Osiris und Nephthys – durch die Vereinigung von Nut (Himmel) und Geb (Erde) geboren. Sie konnte sich in einen Falken verwandeln, mit dessen Flügeln sie dem aus vierzehn zerstückelten Teilen wieder zusammengesetzten Osiris Leben einhauchte. Aus dieser Verbindung entsprang dann der Falkengott Horus.

Der Name Isis bedeutet »Thron«. Daher wird Isis auch so gut wie immer auf einem Thron sitzend dargestellt. Oft (nicht immer) trägt sie ihr Kind auf dem Arm, und meistens hält sie das Lebenskreuz (Anch-Kreuz) in der Hand.

Isis galt auch als große Zauberin, denn sie besaß ein reichhaltiges Wissen und die Kenntnis magischer Weisheiten, mit denen *positive* Beschwörungen möglich waren.

Isis vermochte sogar das Lebenslos der Menschen zu wenden. Heute würden wir sagen: Sie allein vermochte von Menschen schweres Karmageschick zu nehmen, um ihnen ein Hauch von Glück zukommen zu lassen. Nur sie war in der Lage, festgelegte Schicksalssprüche außer Kraft zu setzen oder wenigstens mildernd umzuwandeln.

Horus

Horus wurde zunächst Harpokrates genannt. Harpokrates heißt *Horus, das Kind,* womit zum Ausdruck kommt, daß mit Horus das von Osiris gezeugte und von Isis geborene Kind als Symbol himmlisch wirkender Kräfte gemeint ist. Horus war stets von einem Falken begleitet, der zur Sonne (Osiris) fliegen konnte, aber es gibt auch Abbildungen, die Horus mit einem Krokodilschwanz zeigen – Sinnbild für seine Verbindung zum Wasser der Erde, genauer des Nils, der ja nach Meinung der alten Ägypter aus dem himmlischen Nil (der Milchstraße) entsprang. Horus, der Gott mit dem Falkenkopf, in dem die Augen besonders markant waren, galt sowohl als Himmels- als auch als Königsgott. Seine eindringlichen Augen symbolisierten Sonne und Mond und waren Hinweis auf seinen Vater Osiris.

Horus wurde von Kindheit an verfolgt. Seth suchte ihn mit seiner zweiundsiebzigköpfigen Schar, so daß sich Isis gezwungen sah, Horus heimlich in den Sümpfen des Nils (im Nildelta) zu verbergen. Hier bereitete sich Horus auf den rächenden Kampf mit Seth vor, der mörderisch und grausam verlief. Seth soll dabei dem Horus ein Auge ausgerissen haben, während Horus im Gegenzug Seth entmannte und Sieger blieb.

Horus bekam zwar später sein Auge wieder, aber das ausgerissene Auge erinnert an die Gestirnskonstellation bei Dunkelmond, wenn der Mond durch seine Nähe zur Sonne von der Erde aus nicht mehr sichtbar ist, was die heutigen Astrologen auch als verbrannten Mond bezeichnen. Horus wurde stets hoch eingeschätzt, besonders als Mittler zwischen Himmel und Erde oder zwischen den Göttern und den Menschen. Die irdischen Vermittler waren in diesem Fall eher die herrschenden Pharaonen als die Priester. Von Horus hieß es auch:

»... Horus, der große Gott, der Herr des Himmels, der Sohn des Re, der den Himmel erhebt, aus dem er hervorgegangen ist.«

Horus galt auch als irdische Inkarnation einer Gottheit, nicht aber als Inkarnation von Osiris, wie manchmal angenommen wird. Er hatte vier Himmelskinder, die die vier Himmelsrichtungen markierten und wurde in besonderem Maße von Ma'at, der Göttin des Rechts und der Abwägung geliebt, die als Tochter des Re galt. Ma'at trug oft eine Straußenfeder am Kopf. Das war ihr Symbol, da in ihrem Namen beim Totengericht das Herz gegen das Gewicht einer Feder aufgewogen werden mußte. Das Herz durfte nicht mit mehr Schuld belastet sein, als es dem Gewicht einer Feder entsprach.

Die drei Gottheiten Osiris, Isis und Horus zeigen uns im ägyptischen Tarot jeweils ihren Weg, der sich aus den Bildmotiven wie von selbst ergibt. Dazu kommen die Wege des Uneingeweihten, des Magiers und der der Hohenpriesterin.

Bleibt noch der Gott Thot zu nennen, nach dem die wichtigste Auslegeart »Die Wege des Thot« benannt ist. Dieser Gott, der meist mit einem Ibiskopf (seltener mit einem Paviankopf) dargestellt ist, gilt als der Vorgänger des griechischen Chronos und des römischen Saturn. Er ist nicht der Vorgänger oder das Symbol des Hermes-Trismegistos, auch wenn Ähnlichkeiten dies sicher oberflächlich vermuten lassen, da Thot auch als Gott der Schrift und der Magie gilt. Thot ist vor allem der Gott der Zeit, des Zeitablaufes von einem Leben zum anderen oder von der irdischen Geburt bis hin zur Schwelle in eine astrale Sphäre, als deren Hüter er gilt, was wiederum an Saturn erinnert. Thot entgeht nichts, und kein Totengericht kann auf ihn verzichten. Er ist aber nicht derjenige, der alles zu Protokoll nimmt, sondern verkörpert eine Gottheit der Weisheit. Er allein führt die Menschen von der schwarzen zur weißen Magie beziehungsweise entscheidet allein darüber, wer im Verhängnis der schwarzen Magie gefesselt bleiben soll.

Thot hat Zeit; er weiß, daß *alles* seine Zeit hat. Sein Lehrsatz lautet: »Wer keine Zeit hat – der verdient auch keine!« Lernen kann nur der, der sich dafür Zeit nimmt; jeder hat sich Zeit zu nehmen und hat anderen Zeit zu lassen, um wirkliches Wissen zu erlernen.

Thot führt uns auch – oder gerade – in das Dunkle, damit wir das Helle schätzen lernen, denn was wäre das Helle ohne den Schatten! Was wäre die Zeit ohne ihren Ablauf, was Wissen ohne Weisheit, was alle Maße dieser Welt ohne das Zeitmaß! Auch hier wird die Polarität wieder zum belehrenden und wegweisenden Prinzip erhoben, weil nur so jeder über sich selbst hinauswachsen kann.

Die Karten
der großen ägyptischen Arkana

Zur Betrachtung der Karten

Es sei festgehalten, daß der Blick für die Karten geschult werden muß. Dies geschieht weniger über das intellektuelle Lernen als über das meditative Betrachten und Aufnehmen in der eigenen Seele. Ein schnelles Überfliegen bringt nichts, wenngleich auch spontane Empfindungen und Erkenntnisse wichtig und festzuhalten sind.

Übung erfordert außerdem das Kombinieren der Karten. Es erweist sich als vorteilhaft, zunächst einmal zwei Karten nebeneinander zu legen (willkürlich ausgewählt), um beide Bildinhalte miteinander zu verbinden. Es ist angebracht, mit der Karte zu beginnen, die einem am unsympathischsten ist, und daneben die Karte zu legen, auf die man am positivsten reagiert. Als dritte Karte legt man eine Karte zwischen die schon herausgesuchten Karten, um zu sehen, was die beiden zuerst ausgewählten Aussagen miteinander verbinden kann.

Solche Übungen leiten am besten in die eigene, individuelle Kombination, was wiederum zu wichtigen psychologischen Erkenntnissen führt. Schnell werden die Benutzer der Karten spüren, wie sehr sich das Unbewußte an dieser Arbeit mit den Bildern beteiligt. Das Bewußte muß nun die unbewußten Empfindungen aufnehmen und in verständliche Aussagen umwandeln. Dazu ist es wichtig, sich die Karten sehr intensiv zu betrachten, um auch alle Kleinigkeiten und die zunächst scheinbaren Unwichtigkeiten aufzunehmen. *Nichts* im Bild einer Karte ist unwichtig, alles hat seinen Sinn, der einem oft erst nach längerem Studium aufgeht. Erst über die sogenannten Winzigkeiten, die zum Verstehen des Ganzen führen, kann der Weg in Richtung Einweihung beschritten werden, erst so wird der esoterische Horizont erweitert.

Ein Schema ist zu beachten:

Erstens: Was sagt der erste Eindruck?
Zweitens: Wie wirkt die Karte spontan?

Drittens: Was will die Karte *mir* sagen?
Viertens: Wohin will mich die Erkenntnis, die mir die Karte vermittelt, führen?

Vier Fragen werden gestellt, die jeder individuell für sich beantworten muß. Erst dann wird der innere Sinn dieser Bildmotive deutlich.

Als nächstes ist wichtig, was der Stab, der auf jeder Karte zu sehen ist, aussagt, ferner die Wandlung des Stabes von einer Karte zur anderen, denn damit erkennen wir den Weg der Reifung im Hinblick auf die Einweihung am klarsten. Der Name des Stabes weist dabei am schnellsten zum Ziel. Ferner ist die Blickrichtung der auf einer Karte dargestellten Personen von Bedeutung. So müssen wir uns fragen: Wo schaut der Magier hin, wo die Frau auf dem Löwen, was ist im Hintergrund zu sehen? Selbstverständlich spielt auch die Numerierung und der Name jeder Karte eine Rolle.

Alles, was wir sehen, was wir erkennen, was Assoziationen in uns auslöst, ist bedeutsam, wobei wir uns auch darüber klar sein müssen, daß unsere Seele, unser Unterbewußtsein etwas von den Karten aufnimmt, was uns zunächst gar nicht klar wird, was aber meist einen sehr nachhaltigen Eindruck hinterläßt.

Alles auf den Bildern ist sinnvoll, steckt im Grunde voller Symbolik, und manchmal ist es gut, die Motive wie Mosaikbausteine einzeln zu betrachten, wenn auch das Gesamtbild nicht aus den Augen gelassen werden darf. Die einzelnen Karten stellen einen Code dar, der auf dem Weg zur Einweihung eine Tür nach der anderen aufzuschließen vermag. Sind alle Codes geknackt, also alle Türen offen, haben wir eine Einsicht in bisher kaum gekannte Tiefen der Seele und der Entwicklung – allgemein und individuell. Jede Karte lüftet ein Geheimnis, das anderen (Uneingeweihten) verschlossen bleibt, solange sie sich nicht mit diesen Bildern befassen.

Für alle Karten gilt, daß wir uns erst einmal in die Motive hineinversenken, daß wir bei der Betrachtung nach einem bestimmten Schema vorgehen.

Jede Karte trägt rechts unten das Symbol des Henkel-Kreuzes, das Anch-Zeichen. Das Wort *anch* bedeutete im alten Ägypten soviel wie Leben. Die Bedeutung dieses Begriffes ging aber weit über das hinaus, was wir heute im allgemeinen unter dem Wort Leben verstehen. Heute wird nur einfach in Tod und Leben (oder umgekehrt) unterschieden. Die alten Ägypter waren, wie schon ausgeführt, davon überzeugt, daß das Leben unsterblich sei, weswegen sie auch bedingungslos an die Wiederverkörperung glaubten. Sicher beruhte ihr Glauben auf festem, innerem Wissen, zumal das Wissen zu ihrer Zeit nicht nur naturwissenschaftliches Wissen war.

Das Anch-Zeichen enthält auch das Symbol des Sandalenriemens, Zeichen dafür, daß wir stets auf dem Weg sind. Dieses Zeichen setzt sich aus der oberen Schlaufe mit dem Quersteg und der unteren Lasche zusammen. Es war sicher ein langer Weg, bis sich das Bild des Sandalenriemens zur Hieroglyphe für Leben entwickelt hatte, aber hier zeigt sich das tiefe symbolische Denken, das in Ägypten einst existierte und in das wir uns heute wieder einleben und eindenken müssen.

Da für die alten Ägypter das Wissen um das ewige Leben stets eine Selbstverständlichkeit war, trägt jede unserer nachempfundenen Tarot-Karten dieses Zeichen – vom Anfang bis zum Neubeginn. Das schließt auch die sogenannte Karte des Todes, die Nummer XIII, ein, die hier den Namen »Die Schwelle« trägt, denn der irdische Tod war ja stets nur ein Übergang, eine Schwelle.

Bild, Name und Zahl der Karte spielen also eine besondere Rolle; ferner der Stab, der auf jeder Karte – wenn auch verwandelt – zu sehen ist.

Dieser Stab symbolisiert am klarsten, auf welcher Erkenntnis- oder Entwicklungsstufe sich die Suchenden befinden, wenn sie sich gerade ganz besonders mit einer Karte identifizieren können. Der Stab versinnbildlicht auch, welche Erkenntniswandlung angestrebt wird, wenn beispielsweise eine Karte als Zielkarte ausgewählt wurde.

Der Stab wandelt sich mehr als alle anderen Bildmotive, er wandelt sich sogar vom Stab weg. In vielen Bildern ist er zunächst kaum zu erkennen, etwa auf dem Bild XXI. Der Stab kann also auch abstrakt auf den Bildern erscheinen, besonders in der zweiten Hälfte der großen Arkana.

Der letzte »Stab« erscheint in deutlich sichtbarer Form im Bild XI. Im Bild XII ist er nur noch verdeckt sichtbar. Aber schon ab Bild VI erscheint der Stab mitunter in einem anderen eigenständigen Symbol. So wandelt sich auch unsere Seele. Sie schreitet voran, um dann wieder zurückzufallen, bevor sie sich auf den großen Weg begibt. Wir erkennen den Stab – wiederum voll als Stab – nach Bild V im Bild IX wieder und dann noch einmal im Bild XI, da wir die Mittel-Karte erreicht haben.

So vermögen wir am Beispiel des Stabes und seiner Wandlungsformen schon viel zu erkennen, was uns den Sinn der anderen Bildmotive in den einzelnen Karten besser erschließt. So ist es auch recht gut, wenn mit der Deutung einer Karte der großen Arkana vom Stab her begonnen wird. Es sei jedoch betont, daß hier jeder seinen eigenen Weg finden und gehen kann. Dieses sind nur Anregungen.

In der folgenden Übersicht sind die Kartennamen den dazugehörigen Stab-Bedeutungen gegenübergestellt. Bevor die Karten gedeutet werden, sollte man zunächst einmal ihre Namen wie eine Geschichte lesen.

Karten-namen		Stab-Bedeutungen
0/XXII	Der Uneingeweihte	Der *Such*-Stab
I	Der Magier	Der *Magier*-Stab
II	Die Hohepriesterin	Der *Jenseits*-Stab
III	Die Pharaonin	Der *Schutz*-Stab
IV	Der Pharao	Der *Herrscher*-Stab
V	Der Hohepriester	Der Stab des *Thot*
VI	Die zwei Wege	Der *Pfeil*-Die *Wege*
VII	Der Wagen des Osiris	Der *Zügel*
VIII	Die Gewissenswaage	Die *Waage*-Das *Schwert*
IX	Der Einsiedler	Der *Licht*-Stab
X	Sphinx	Der *Obelisk*
XI	Die Kraft	Der *Führungs*-Stab
XII	Der Hängende	Das *Gerüst* mit *Schwert* und *Stab*
XIII	Die Schwelle	Die *Schwelle*
XIV	Die zwei Urnen	Der *Ewigkeitsstrahl*
XV	Dämon	Die *Fackel*

XVI	Der Turm	Der *Blitz*
XVII	Der magische Stern	Der *himmlische Nil*
XVIII	Der Mond	Der *Weg*
XIX	Die Sonne	Der *Baum*
XX	Die Auferstehung	Das *himmlische Instrument*
XXI	Das All	Die *Göttin Nut*
XXII	Der Uneingeweihte	Der *Such*-Stab

Die Karten des Einweihungsweges

Der Uneingeweihte

Numerierung: 0 und XXII

Wandel des Stabes: Der Such-Stab

Motto: Im Anfang liegt das Ende – im Ende der Anfang

Die Karte »Der Uneingeweihte« weist als einzige zwei Bezifferungen auf, nämlich die Zahlen 0 und XXII.

Beide Zahlen liegen außerhalb der klassischen Numerierungen der großen Arkana, die von I bis XXI reichen. (Die Zahlen bis 21 wurden als besonders heilig angesehen, wohl auch, weil sich 21 aus der Multiplikation von 3 mal 7 ergibt.)

Die Zahl *davor,* die Null, besagt allein noch nichts, obwohl sie den Kosmos und die Unendlichkeit symbolisiert. Die Zahl *danach,* die XXII, zeigt uns an, daß der Weg abgeschlossen ist, daß aber ein neuer Weg vor uns liegt. So wird die Zahl XXII wieder zur Null, wenn auch auf einer höheren Stufe.

Die Karte »Der Uneingeweihte«, die eigentlich nicht zu den großen Arkana gehört, ist dennoch vom Tarot-Spiel nicht wegzudenken. Sie ist stets der Ausgangspunkt. Man stelle sich die Wege zur Einweihung (und höher hinaus) als Wendeltreppe vor, die wir – um das eigene Rückgrat unseres Körpers, unseres Geistes und unserer Seele – ersteigen. Jeder Weg durch die großen Arkana führt uns eine Stufe oder Etage höher, bis wir schließlich einmal zur Spitze gelangen. Das Ziel ist die innere Pyramide. Pyramiden waren *auch* Grabstätten – denn die Ägypter wußten, daß mit jedem Eingang in die dunkle Nacht sich ein weiterer neuer Weg eröffnet, der zu größerer Erkenntnis, zu innerem Wissensreichtum führt.

Dies war schon vor den Ägyptern bekannt, denn auch der Turmbau von Babylon symbolisiert nichts anderes, als daß man Stufe um Stufe emporsteigen muß, um dem Himmel nahe zu sein, damit man schließlich in den Kosmos aufgenommen wird und dem Schöpfer nahe ist.

Dies alles war kein Trost für frühe Tode, sondern inneres Wissen, das den Sinn des Lebens nicht nur in dem *einen* irdischen Leben suchte. Darum geht es in dieser Karte. »Der Uneingeweihte« mag durchaus gewisse Einweihungszeremonien schon bestanden haben, muß sich aber stets weiter strebend bemühen. Dabei lauern jedesmal Gefahren, jedesmal droht der beschwerliche Weg mit inneren und äußeren Unsicherheiten. Diese Karte symbolisiert also den Eintritt wie den Austritt, wobei der Eintritt erst einmal in uns selbst zu erfolgen hat. Die alten Ägypter wußten, was später im Mittelalter der Volksmund in Europa jungen Menschen auf den Lebensweg mitgab, nämlich daß das Glück allein *in* jedem von uns liegt – mit einer Tragik vielleicht: daß die Startchancen nicht gleich sind.

Und doch – sie sind gleich! Nur mag der eine schon mehrere Stufen des Turmes erklommen haben, während der andere manchen Weg wiederholen muß. Hier wurzelt tiefes Urwissen der Ägypter, das besagt, daß es Gleichheit für das bewußte Leben auf der Erde nicht gibt, daß es sie auch nicht geben kann, denn einer ist manchen Weg schon mehrmals gegangen, ein anderer geht ihn das erste Mal; wieder ein anderer ist weit vorangeschritten.

Die Seelen der Menschen wandern ewig wie die Gestirne auf ihrer Bahn und kommen mit anderen Seelen ebenso zusammen, wie die Gestirne sich dank ihrer Aspekte begegnen. Daher leben die Rhythmen der Planeten in jedem von uns, daher spiegelt der Himmel das Seelische im Individuellen wie im Allgemeinen wider. Das ist das Geheimnis, das jedoch erst einmal anzunehmen ist, auch wenn wir die Lösung nicht genau kennen.

Der erste Blick erfaßt einen Mann mit verbundenen Augen, der blind auf einen Abgrund an einem Fluß (sicher der Nil) zuläuft. Seinen Such-Stab hält er hoch in der Hand, denn er würde mit ihm keinen Bodengrund mehr erreichen. Es scheint sogar, als würde der Mann mit den verdeckten Augen den Stab benutzen, um sein äußeres (wie inneres) Gleichgewicht zu behalten. Der Schritt ist wagemutig, und die Krokodile, die hier als Ungeheuer erscheinen, warten schon gelassen auf ihre Beute. Der Mann wird von einem Hund begleitet, der ihn am Rock faßt und zurückhalten möchte. Im Hintergrund sehen wir außerdem einen liegenden Obelisken, der noch keine Hieroglyphen, also »heilige« Bilder, trägt. Oben ist stilisiert

0 – XXII. Der Uneingeweihte ☥

eine Sonnenfinsternis dargestellt, da der Mond die Sonne verfinstert.

Der Mann selbst scheint jung; er ist nicht ärmlich gekleidet, trägt einen (sinnbildlichen) Beutel sowie einen recht beachtlichen Kopfschmuck mit dem Ansatz einer Uräus-Schlange.

Soweit der erste, reale Blick. Doch was verrät uns dieses Bild darüber hinaus?

Ein junger Mann hat sich auf einen inneren Weg gemacht. Um diesen Weg zu finden, muß er sich auf seine Seele konzentrieren: er darf nicht ablenkbar sein, darf nicht das oberflächliche Leben betrachten und sich von ihm vielleicht ablenken oder verführen lassen. Folglich legt er sich selbst Blindheit auf, er verläßt sich auf die innere Stimme, voller Vertrauen, daß diese (oder ein Stern, der jedoch nicht zu sehen ist) ihn führt. Wach ist allein sein Instinkt, der durch den Hund deutlich verkörpert wird. Der Hund ist nicht nur der treueste Begleiter des Menschen, sondern er symbolisiert auch den animalischen Instinkt in uns, und dieser Instinkt, der an das nackte Leben denkt, versucht, den blind Suchenden zu warnen. Das Muster des Rockes, das der Mann anhat, läßt uns erkennen, daß er sein Ziel genau kennt. Eine Pyramide nach der anderen, ein Dreieck über dem anderen zeigen, daß dieser Mann hohe Ziele erreichen will.

Der Mann am Anfang hat aber auch eine Vergangenheit, wie wir alle eine Vergangenheit in uns tragen, eine Vergangenheit, die in die Zukunft weist. Die Zukunft wird hier gewiesen durch den liegenden, noch nicht fertiggestellten Obelisken. Der Mann folgt der Richtung, aber mit der Gefahr, in den Abgrund zu stürzen. Sicher müssen wir alle in unseren eigenen Abgrund stürzen, bevor wir aufbrechen wollen. Wer dies weiß, kann bei aller Gefahr, die überall lauert, den Kopf oben behalten.

Der Uneingeweihte kennt bereits die Spielregeln dieses Ablaufes. Bei einer Finsternis, gleichviel ob es sich um eine Sonnen- oder eine Mondfinsternis handelt, stirbt eine Gottheit. Diese Gottheit hat Stellvertreter auf der Erde, entweder einen Pharao oder eine Pharaonin. Diese müssen stellvertretend sterben, wenn ihre Gottheit sich für jedermann sichtbar verdunkelt. In dem Moment fällt auch das Herrschaftszeichen der Pharaonen, der Obelisk.

Der Obelisk weist sowohl in die Zukunft als auch in den Abgrund, aber der Uneingeweihte schreitet mutig – wenn auch noch suchend, weil mit verbundenen Augen – voran. Er verläßt sich auf seinen Instinkt; und in der Tat, wer sich in das Bild vertieft, wird feststellen, daß der Hund diesen Mann nur scheinbar zurückhält. In Wahrheit leitet ihn der Hund, er führt ihn, er lenkt ihn durch Zupfbewegungen am Rock.

Dies bedeutet, daß wir uns zuerst einmal auf unseren animalischen Instinkt zu verlassen haben und diesen Instinkt auch akzeptieren müssen. Der Hund ist ein Anubis-Hund. Wir werden ihm wieder bei der Gewissenswaage begegnen. Anubis war ein Sohn des Osiris, den dieser ungewollt und illegal mit der Schwester von Isis, Nephthys, gezeugt hatte. Isis suchte das Kind, und Hunde, die Isis führten, halfen ihr, das Kind zu finden. Dieses Kind bekam den Namen Anubis und sollte nun für die Götter wachen, wie es die Hunde für die Menschen taten. Der wachende Instinkt ist also eine Göttergabe, auf die der Mensch vertrauen soll.

Dieses Erbe lebt im Uneingeweihten, der sich so der Gottheit im weitesten Sinne ausgeliefert hat beziehungsweise sich ihr anvertraut. Später wachte Anubis über alle Toten, die einbalsamiert als Mumien vor das Totengericht und damit vor den richtenden Osiris traten, um sowohl von Horus, dem legalen Sohn der obersten Gottheit, als auch von Anubis, dem Sohn der Nephthys, gewogen zu werden.

Ging die Wägung gut aus, dann durfte sich der Tote weiterhin auf den Weg machen, wenn er auch zunächst durch eine Finsternis gehen mußte. Diese Finsternis wird hier symbolisiert durch die Augenbinde, die jeden zwingt, den Blick nach innen zu richten, um sich selbst zu erkennen. Anubis wurde auch als Gott aus dem schwarzen Gebirge bezeichnet, was nichts anderes heißt, als daß jeder, der sich auf den Weg macht, sich vom schwarzen Gebirge weg in Richtung des Hellen zu bewegen hat.

Die eine Hand des Uneingeweihten ist nach vorn gerichtet, als wolle er mit dieser Geste zeigen »Ich komme in bester Absicht, nehmt mich auf, wer immer ihr auch seid«; denn keiner von uns, der sich auf den Weg macht, weiß, wer ihm begegnet und was ihm begegnet.

Im Bild sehen wir auch, daß der Uneingeweihte den sicheren,

wenn auch abschüssigen Boden unter seinen Füßen verläßt; er geht direkt ins Wasser hinein. Aus dem Wasser aber kam nach uralter Anschauung alles Leben. Das Wasser stellt auch das Reich der Seele dar, wie die Traumdeuter von einst wie die von heute wissen. Dorthin also schreitet unser Uneingeweihter, und zwar würdigen Schrittes. Er ist kein Narr, der nur für sich dahinschlendert, wie es spätere Tarot-Karten teilweise zeigen. Nein, dieser junge Mann geht einen Weg ganz bewußt, so unbekannt er ihm auch selbst noch sein mag.

Das eine Krokodil spürt, daß dieser Mann keine Beute ist und wendet sich ab; das andere setzt zwar zum Schnappen an, aber seine Haltung könnte auch eine Art von Ehrenbezeigung sein. Die alten Ägypter schrieben den Tieren nicht nur menschliche Verhaltensweisen und Gesten zu, sondern erhoben sie sogar über die Menschen. So gab es auch einen Krokodilgott mit Namen Sobek. In der Nähe des Krokodilgottes haben wir ständig zu leben, das heißt mit der Furcht, die das Tier einjagen kann. Das Krokodil wurde aber auch mit der Sonne gleichgesetzt, denn es heißt in einer alten ägyptischen Legende: »Weil, wie sich einst die Sonne aus dem Urdunkel erhob... du dich (gemeint war das Krokodil) erhoben hast aus dem Urschlamm.« Götter zeigen sich also furchterregend, doch wer keine Furcht vor ihnen hat, weil er ihnen vertraut, den nehmen sie auf, den schützen sie sogar. Angst also darf derjenige nicht haben, der sich blind fühlt, aber sich doch auf den Weg gemacht hat.

Dies ist das Fazit dieser Karte, die am Ende wie am Anfang steht. Eine trostreiche Karte.

> Sie verkörpert die Faktoren:
> Mut und Risiko;
> Blindheit und Sehnsucht nach der Sicht, der *Einsicht*;
> die gläubige Naivität und das Sichverlassen auf den Instinkt;
> der neue Weg, der sich aus dem alten ergab, wenn auch der neue Weg noch nicht gefunden ist;
> die Sehnsucht nach dem anderen Ufer;
> das Wagnis der Jugend, das jedoch auch in Älteren leben kann;
> der Aufbruch aus dem Abgrund;
> das Vertrauen in den Schicksalsablauf.

Der Uneingeweihte ist auf dem Weg. Wenden wir uns jetzt der ersten Station dieses Weges zu, deren Aufgabe dem Uneingeweihten in seiner Ausgangslage noch nicht bekannt ist, ja noch nicht bekannt sein darf.

Der Magier

Numerierung   I

Wandel des Stabes: Der Magier-Stab

Motto: Der Weg ist das Ziel

Der erste Blick erfaßt einen Mann, der an einem Tisch steht. In der Hand hält der Mann den Magier-Stab, der auch das Symbol für eines der vier Elemente ist, nämlich für das Holz (die Erde). Das Schwert als Sinnbild des Feuerelementes lehnt am Tisch, während auf der Tischplatte eine Schale steht, die das Element Wasser aufnehmen kann. In der Schale erkennen wir Goldstücke, die Zahlungsmittel sind, als Gleichnis für das Luftelement. Letzteres mag etwas fremd erscheinen, aber die Erfindung des Geldes war eine der entscheidenden Leistungen des menschlichen Geistes – mit allen negativen Auswirkungen –, da so der Tauschhandel überwunden wurde, sich das menschliche Zusammenleben erleichterte und das Wirtschaftliche aus dem kindlichen Zustand der naiven Primitivität herauswachsen konnte.

Diese vier Elemente: Feuer, Holz (Erde), Luft und Wasser spielten im Altertum eine entscheidende Rolle. Sie wurden auch mit dem Geist-Menschlichen in Verbindung gebracht, da das Feuerelement für die Wärme des Herzens und für den Lebensstoff Blut stand. Das Holz stand für den Realismus und die Bewältigung der Materie, das Luftelement für alles Geistige und Intellektuelle, während das Wasser die Seele symbolisierte. Wer sich auf den Weg begibt, muß sich mit diesen vier Grundstoffen auseinandersetzen.

Der Mann auf dem Bild, der »Der Magier« genannt wird, schaut nach rechts oben, wo er den Stern erkennt, dem er folgen soll.

Seine Augen sind groß und aufgerissen, die Binde ist abgenommen. Noch scheint das Ziel der fünfstrahlige Stern zu sein, über dem ein Gottvogel schwebt, der ihm eine himmlische Botschaft zukommen läßt. Begleitet wird der Magier nicht mehr vom »Totenhund« Anubis, sondern von einem Ibis. Der Ibis symbolisiert im alten

Ägypten immer die Gottheit Thot (wie auch der Pavian), was hier bedeutet, daß die Zeit gekommen ist, sich auf den Weg zu machen. Der Ibis (der hier nicht real erscheint, weswegen er keine Beine hat) begleitet den Magier gewissermaßen schwebend an einer Blume vorbei. Blumen wurden stets als göttliche Zeichen angesehen, als Schmuck der Natur, den die Gottheiten uns schenken. So werden uns die Blumen auch auf den Wegen zur Einweihung begleiten.

Der Rock des Magiers hat die Form des suchenden, nach vorwärts zeigenden Dreiecks, und er scheint sich auf das magische Gefäß zu konzentrieren. Der Magier selbst trägt einen breiten Gürtel als Zeichen der Konzentration auf das Wesentliche. Dieser Gürtel wird von einer Schlange zusammengehalten, die die Form der Lemniskate bildet. Die Lemniskate war stets ein Zeichen der Unsterblichkeit (wie die Zahl 8, deren arabische Schreibweise an die Lemniskate erinnert). Die Lemniskate verdeutlicht den Dualismus und die Polarität. Das Oben wie Unten, das Links wie Rechts, die zwei Hälften, die sich ergänzen wie das Helle das Dunkle, der Tod das Leben.

Die rechte Hand des Magiers ist betend nach oben zum Himmel gerichtet. Man spürt die Dankbarkeit dafür, daß er wieder sehen darf. Hier soll eingeschoben werden, daß der Weg zum Adepten stets durch einen Jüngling dargestellt wurde. Selbstverständlich ist dieser suchende Mensch auch als junge Frau denkbar, aber es waren damals doch mehr die Männer, die man für berufen hielt, den Weg zur Priesterschaft zu wagen. Die große Arkana zeigt jedoch deutlich, daß die Frau seinerzeit nicht unterdrückt war, sondern eine gleichwertige Rolle spielte.

Um aufzunehmen, was uns das Bild noch verrät, ist es gut, die Karte des Uneingeweihten danebenzulegen, denn hier beginnt der Weg des Uneingeweihten, der seinen ersten Schritt getan hat.

Wir betrachten die gleiche Blickrichtung beider Figuren von links nach rechts; wir erkennen, daß der Weg nun nicht mehr abschüssig, sondern gerade verläuft, und wir spüren die Kraft der Wandlung, die bereits einsetzt, wenn jemand konsequent bereit ist, einen neuen Weg zu beschreiten. Der Magier hat auch, was er braucht: Stab, Schwert, Schale und Goldstücke, wobei hier das innere Gold gemeint ist. Auch den eingeweihten Alchemisten ging es nie nur

Der Magier

darum, materielles Blei in Gold zu verwandeln, sondern sie waren der Ansicht, daß in jedem Material wie in jeder Seele, in jedem geistigen Bezug ein Körnchen des Sonnengoldes enthalten ist, und daß alles Tote, Unbeseelte zum inneren, geistigen, esoterischen Leben erweckt werden kann.

Die rechte Hand des Magiers verrät, daß der Bezug zur Vergangenheit durchaus noch in ihm lebt, die Geste seiner Arme und Hände drückt aus, daß er Vergangenheit, Gegenwart und Zukunft gleichermaßen im Visier hat. Während sich die Lichter im Bild der Karte 0/XXII verfinstert hatten, strahlt hier der Stern, dem zu folgen ist. Der Himmel zeigt also, daß er gewillt ist, den Gang des Magiers zu beobachten, um ihm so eine Chance der Entwicklung zur Einweihung zu ermöglichen.

Es handelt sich hier um die Karte des Osiris, obwohl Osiris nicht gezeigt wird, aber er ist immer auch dort, wo sich die Suchenden auf den Weg machen. Auf dem Magier-Stab erblicken wir die stilisierte Abbildung eines fliegenden Wesens, das sicher die magische Verbindung des Himmels- (Falke) mit dem Zeit-(Ibis)Vogel verdeutlichen soll; also auch hier: das Oben und das Unten, wie im Symbol der Schale auch das Rechts wie Links deutlich zum Ausdruck kommt.

So ist der *erste* und damit entscheidende Schritt gewagt, ohne daß der junge Magier weiß, was ihn auf dem Weg alles erwartet. Noch fühlt er sich mehr als Spieler, als Joker, meint vielleicht schon, schnell zum Ziel zu gelangen, obwohl in ihm erst eine Blume (von 22) zur Blüte gekommen ist. Noch haben wir es hier also eher mit einem Zauberlehrling als mit einem Meister zu tun, doch die Erfahrung lehrt, daß sich zu viele Lehrlinge im Leben bereits für einen Meister halten.

Diese Karte verkörpert folgende Faktoren:
Der erste Schritt;
das Ziel ins Visier nehmen;
der Anfang einer Tat, eines Weges;
das Selbstbewußtsein ist gehoben;
die gebotene Chance weiterschreiten zu können, wenn auch mit der Mahnung, geduldig und vorsichtig zu sein und zu bleiben.

Noch steht der Magier an seinem Lehrtisch, den er nun wird verlassen müssen, da das, was auf den Tisch liegt, inneres Wissenskapital werden muß, denn die Gaben, die einem geboten werden, sind anzunehmen und in sich zu verarbeiten.

Mit dieser Karte beginnt jedoch noch ein Weg:

Der Weg des Osiris

Dieser Weg wird – mit dem Weg der Isis und dem des Horus – nach den Kartenbeschreibungen zusammengefaßt gedeutet, so daß hier zunächst nur aufzunehmen ist, was mit diesem Bild symbolisiert wird: Die Gottheit hat dem Suchenden Kraft und Geist eingehaucht, hat also die Voraussetzungen geschaffen, damit dieser Magier (der auch als Magierin anzusehen ist) sich nun bemüht, den Weg zur Gottheit zu finden.

Der erste Schritt ist getan, der Schritt ins Helle, dem sofort ein Schritt folgt, der den Blick für die Dunkelheit schärfen soll.

Die Hohepriesterin

Numerierung: II

Wandel des Stabes: Der Jenseits-Stab

Motto: Wir gehen dorthin, woher wir kamen.

Der erste Blick erfaßt eine Priesterin mit einem furchterweckenden schwarzen Stab in der Hand, auf einem Thron im hintersten Tempel – also im Allerheiligsten – sitzend. Der Blick ist verschleiert, aber doch prüfend. Der Weg zu dieser Priesterin führt durch eine lange Galerie riesiger Gottstatuen – die den Gegensatz von Hell und Dunkel widerspiegeln. Zu Füßen der Hohepriesterin (denn nur diese allein darf im Allerheiligsten sitzen) erblicken wir zwei Blumen. Der Uneingeweihte erreicht also die zweite Station. Diese Station ist so gewaltig (wie die folgenden), daß die Person des Suchenden gar nicht in Erscheinung tritt; er ist noch so unscheinbar und klein, als wäre er nicht vorhanden. Die Hohepriesterin hält nicht nur den langen schwarzen Stab, sondern auch einen Papyrus mit noch wenigen Hieroglyphen. Sie sitzt in ihrer Helle auf einem dunklen Thron, wie überhaupt das Schwarz-Weiß hier vorherrscht – trotz des Goldes.

Auch der Rahmen, in dem die Hohepriesterin Platz genommen hat, betont das Hell und Dunkel, wenn auch mehr in abstrakter Form, wie es durch die Kastenrahmen gut zum Ausdruck kommt. Es ist Nacht. Der Sternenhimmel leuchtet hell, und auf dem Kopf der Hohepriesterin erkennen wir als schmückendes Symbol die Mondsichel, die die dunkle Sonne (weil untergegangen) durch die Nacht trägt. Auch im Jenseits-Stab erschauen wir die Sichel des Mondes, darauf hinweisend, daß es die Seele ist, die das Dunkle in uns, das scheinbar Ver- oder Gestorbene, gespeichert hat. Die Länge des Stabes offenbart, wie lang der Weg zurück ist, wie tief wir in uns hineinlauschen müssen, um das in uns lebende Erbe aufzunehmen und auszuleben.

Auf dem Papyrusblatt lesen wir (wenn wir uns bereits in die heiligen Bilder vertiefen könnten), was wir verdrängt haben, weil es unserem Gewissen nicht paßt, weil wir uns nicht belasten wollen. Aber jeder kommt nur mit leichtem Gepäck weiter. Oder anders: Wer in sich viele unabgetragene Lasten trägt, der wird von diesen Lasten erdrückt, so daß ein Weiterschreiten nicht möglich ist.

Diese Karte will uns mahnen, unsere Seele zu erforschen, unsere Schuld anzunehmen und sie letztendlich auch zu sühnen. Der Schleier unter dem priesterlichen Kopfschmuck zeigt, daß wir uns selbst entschleiern müssen, ehe wir der Hohepriesterin klar in die Augen schauen können. Dieser Schleier ist als Schleier der Maja in die esoterische Geschichte eingegangen und fordert uns auf, die Geheimnisse des Daseins wie des Jenseits zu ergründen.

Um zu erkennen, was das Bild noch verrät, legen wir wieder die Karte des Uneingeweihten daneben. Bei beiden gleich erscheinen uns auf den ersten Blick die verdunkelten Augen. Aber die Augen des Uneingeweihten sind äußerlich und absichtlich verbunden, während es bei diesem zweiten Schritt darum geht, mit offenen Augen das Dunkle zu erleuchten, um es zu erkennen. Das Dunkle aber, das hinter uns liegt, ist dasselbe, was vor uns liegt – nämlich das Jenseits.

So müssen wir über das Dunkle in uns das Herkommen, das Ererbte erschauen. Die Seele lebt und stirbt nie. Sie hat alles gespeichert. Nur gilt es jetzt, das Gespeicherte zu erkennen, um darauf aufzubauen, sonst müssen wir immer wieder ganz von vorn anfangen. Dies sollte man schnell – am Anfang des Weges – begreifen, weil sonst jeder Weg einen Irrweg darstellt, der nur ins Labyrinth, aber nicht aus ihm hinausführt.

Die *zwei* Blumen weisen darauf hin, daß wir empfangen müssen, doch haben wir bereits empfangen, ohne daraus gelernt zu haben. Hier kommt es selbstverständlich sehr auf das Niveau an und auf die Entwicklungsstufe, auf der sich der einzelne befindet. Aber jeder wird für sich wissen, wenn er nur nach innen forscht, was er an Verdrängtem hervorzuholen und sich bewußt zu machen hat.

Die Hohepriesterin ist die Priesterin der Isis (oder Isis selbst?), und sie will uns etwas von der Angst vor dem Dunklen in uns nehmen. Wir können diese Karte auch – im heutigen Sinn – als Karte des Karmas bezeichnen, da wir »mit versiegelten Befehlen auf die Welt gekommen sind«, wie es Sören Kierkegaard einmal tref-

 Die Hohepriesterin

fend und weitsichtig formulierte. Das heißt, in uns lebt eine Aufgabe, die wir selbst finden müssen, doch nicht im äußeren Suchen, sondern im Erforschen der eigenen Seele. Die Priesterin der Isis trägt auf ihrem Gewand zwei sternförmige stilisierte Blüten, was auch einen Hinweis auf das Blühen im Dunkeln wie im Hellen darstellt. Auch der Jenseits-Stab wird diagonal gehalten, er verbindet oben und unten wie links und rechts.

Die Gesamtgestalt drückt das gleiche aus, da die unbekleideten Füße fest auf dem Boden des Tempels ruhen, während der Kopf in den Himmel ragt, in den die Gottheiten links und rechts noch deutlicher mit ihren Köpfen eingebettet sind.

Das Karma sagt: Was du angefangen hast, mußt du vollenden. Der Grundanfang war, sich aus der Tiefe emporzuentwickeln. Doch wie sollen wir diesen Weg gehen, wenn wir uns der eigenen, vieltausendjährigen Vergangenheit in uns verschließen?

Es handelt sich hier um die Karte der Isis, von der man sagte: »Es gab nichts, was sie nicht gewußt hätte im Himmel und auf Erden...« Dieser Satz aus der Einleitung sei hier noch einmal ins Gedächtnis zurückgeholt. Da aber Isis als Wächterin der Seele in jedem von uns wohnt, wissen wir all das, was wir – individuell betrachtet – wissen sollten.

Der *zweite* Schritt führt uns also zurück, macht deutlich, daß es keinen Schritt vorwärts gibt, ohne auch zurückzugehen. Nicht ohne Grund wurde deswegen der Skarabäus zu einem Glücks- und Überlebenssymbol der alten Ägypter. In unseren Breiten weist der Abschnitt Krebs des Horoskops auf den Skarabäus hin, denn derselbe Abschnitt heißt bei den Ägyptern »der Käfer«. Auch der Krebs symbolisiert, daß es kein echtes Vorwärtsschreiten ohne zurückführende Schritte geben kann. So wurden gerade Krebs und Käfer als Namenspaten für jenen astrologischen Abschnitt ausgesucht, in dem die Sonne ihren höchsten Stand erreicht hat und nun zurückschreiten muß.

Diese Karte verkörpert folgende Faktoren:
Begegnung mit dem Dunklen in sich selbst;
Erforschung des eigenen Gewissens;
sich um das Gespeicherte, das die Seele hortet und bewahrt, bemühen;

die Wandlung aus der Tiefe.
die Begegnung mit der Seele als Voraussetzung jeder Erkenntnis.

Erst jetzt können sich die Gedanken des Uneingeweihten klar ausrichten. Mit dieser Karte, die den zweiten Schritt des Weges des Uneingeweihten darstellt, beginnt der dritte Weg:

Der Weg der Isis

Auch dieser Weg wird nach den Kartenbeschreibungen in seinen Stationen zusammengefaßt. Doch es dürfte klar geworden sein, daß dieser Weg in sich den Weg der Seele konzentriert. Die Seele soll also geführt werden, wenn sie – und dies ist das Entscheidende – diese Führung nach innen annimmt. Tut sie das, dann ist der zweite Schritt für den Uneingeweihten getan, der sich nun an den dritten Schritt wagen kann, der ihn mehr in die realen Bezirke dieser irdischen Welt leitet, da er nun Geist (Osiris) und Seele (Isis) in sich weiß.

Die Pharaonin

Numerierung III

Wandel des Stabes: Der Schutz-Stab

Motto: Die Freude, zu leben, gebiert Lebensfreude.

Der erste Blick erfaßt eine junge Frau mit einem Kind auf dem Schoß, auf einem Thron sitzend. Sie, das Kind wie der Thron werden von einem Löwen bewacht. In der Hand hält die Frau den Schutz-Stab mit dem Symbol der Mondsichel und der stilisierten Sonne an der oberen Spitze. Der Kopf der jungen Frau wird von einer Uräusschlange geschmückt. Uräus war einst prähistorische Schutzgöttin aus Unterägypten. Diese Göttin war stets voller Kampfesmut, um beispielsweise das Sonnenauge des Gottes Re zu schützen, womit das Licht der Sonne gemeint war. Deshalb zierte sich diese Ur-Göttin einst mit dem Bild der kampfbereiten Kobra, die mit erhobenem Haupt jeden zu vernichten droht, der das angreift, was sie für schutzwürdig hält. Dieses Symbol der Uräusschlange wird uns noch öfters begegnen. Hier drückt ihr erstes Erscheinen aus, daß diese Pharaonin etwas zu schützen hat: das Kind nämlich, das neue Leben. Was die Sonne (Osiris) zeugt, was der Mond (Isis) empfängt, wird hier für die reale Welt geboren, und das Neugeborene braucht den Schutz der Herrscherin.

Diese schaut von links nach rechts genau dem Horusfalken in die Augen, denn das Kind symbolisiert den Horusknaben selbst. Über allem leuchtet die Sonne – umrahmt von den zwölf Sternen, die jeweils einen Abschnitt des einjährigen Sonnenlaufes symbolisieren. Unten rechts wachsen drei Blumen, die sich nach der Sonne, also steil nach oben ausrichten. Das Kind strahlt, denn es fühlt sich gut behütet, wenn es auch der rechten Zukunft, die in Richtung Horusfalken zu suchen wäre, noch den Rücken zukehrt.

Der Schutz-Stab erinnert entfernt an ein Regierungszepter, deutet darauf hin, daß wir es hier mit einer Herrscherin zu tun haben, also mit einer Pharaonin. Die Pharaoninnen sahen sich selbst als Vertreterinnen der Isis auf Erden, tragen auch das Kind in der Haltung, wie wir sie von den Isis-Statuen kennen. Die Verbindung der Pharaonin zu Sonne und Mond ist aus dem Mond deutlich sichtbar, wie auch der Horusfalke auf einer Steinempore die Bindung zwischen Helle und Dunkelheit zur Erde mit versinnbildlicht. Die Pharaonin trägt einen Kopfschmuck, der das gleiche ausdrückt. Es ist eine Karte des Lebensmutes, wobei uns der wachende und gezähmte Löwe auch anzeigt, daß wir dann dem Leben mit Mut und Freude entgegentreten können, wenn wir das Tierische, und mag uns dieses noch so königlich erscheinen, gezähmt haben.

Der Anfang dazu ist die Beherrschung, sich selbst nicht so wichtig zu nehmen, sondern alles auf das Kommende, das Neugeborene auszurichten, was wir als weibliche, innere Vernunft ansprechen können.

Legen wir nun die Karte des Uneingeweihten daneben, dann entdecken wir, daß die Blickrichtung – also der Blick in die Zukunft – *wieder* stimmt. Die Hohepriesterin ließ den Uneingeweihten beobachtend vorbeischreiten, die Pharaonin hilft ihm, den Weg zu finden. Denn auch beim dritten Schritt ist der Suchende ja noch wie ein Kind, dem geholfen werden muß, dem die, die herrschen, Vorbild sein müssen.

Was verrät uns dieses Bild noch im tieferen Sinn? Zunächst einmal sind die Augen der Frau wieder weit geöffnet wie beim Magier, und ein wissendes Lächeln, das nur Mütter besitzen können, umspielt den Mund. Ob Gottheiten lächeln (äußerlich), wissen wir nicht, aber wer von einer Gottheit behütet wird, der hat Grund zum Lächeln. Das Lächeln- und Lachenkönnen wurde immer als Begabung, aber auch als Auszeichnung für den Menschen verstanden, als Ausdruck dessen, wodurch sich das Menschliche deutlich und auch für die Götter sichtbar vom Tierischen unterscheidet.

Die Ägypter haben ihre Könige stets als Menschen gesehen, wie sich auch die Könige als Gottkinder und zugleich als Menschen fühlten. So war ein Tyrann kaum denkbar, solange der Glaube an die Götter die Seele erfüllte und damit das Handeln beseelte. Zwar hatten die Könige zeitlebens übermenschliche Fähigkeiten zu demonstrieren, wußten diese aber so auszuüben, daß das Menschliche dabei nie auf der Strecke blieb. Insofern können uns die altägyptischen Herrscher heute noch Vorbild sein.

Die Pharaonin

Auch die Verbindung der Herrschenden zur Priesterschaft verlief (bis auf Ausnahmen während der Zeit Echnatons) verhältnismäßig unproblematisch, da der oberste Priester meist der Erste unter den Ministern war; heute würden wir von einem Premierminister sprechen. Machtbestrebungen der einen oder der anderen Seite waren dann der Anfang vom Ende, auch der Anfang der Ablösung vom Glauben und der damit verbundenen Einweihung in die Esoterik.

Das Gewand der Pharaonin ist königlich, ja festlich, so als hätte sie sich extra für die Einweihung ihres Isis-Kindes schmuckvoll gekleidet. Das Kind weiß, ohne es intellektuell aufnehmen zu können, um seine Wichtigkeit, die in allen Kindern wohnt, wenn man sie nicht in ihrer Lebensfreude, die natürlich ist, durch Härte und Strenge behindert. Über den Lebensmut, die Lebensfreude, hat die Pharaonin zu wachen, damit über die Möglichkeit des Lebens. Dazu gehört auch die weibliche Intuition, der Einsatz für Gerechtigkeit, was noch nichts mit dem Gesetz und den Spielregeln des Zusammenlebens zu tun hat. Dies ist dann der vierte Schritt, doch der Uneingeweihte hat hier erst seinen dritten Schritt gesetzt.

Der dritte Schritt ist also der Schritt ins reale Leben, der Schritt in die Bewährung, da die Kräfte zum Überleben geschult und trainiert werden, da mit der Erziehung von außen die Eigenerziehung beginnt.

In dieser Karte begegnen wir den Forderungen unserer Erde, ohne den Blick in den Himmel dabei zu vernachlässigen. Wer die Karte »Der Uneingeweihte« einmal neben diese Karte legt, sieht, daß sich der Uneingeweihte auf den richtigen Weg gemacht hat, wenn er sich auch auf dem Pfad zur Einweihung noch als Kind zu betrachten hat.

Diese Karte verkörpert folgende Faktoren:
Die Erfüllung der Pflichten;
die erziehende Liebe;
das Bewahren des Lebens;
das Eingliedern in eine soziale Gemeinschaft;
es geht um die weibliche Realität, die mit der männlichen nicht vergleichbar ist.

Dieser dritte Schritt auf dem Weg des Uneingeweihten ist zugleich der erste Schritt des vierten Weges.

Der Weg des Horus

Das Kind von Osiris und Isis führt uns mehr an die Realitäten heran. Auch diese Stationen werden wir später im Zusammenhang betrachten. Das Wort »Realität« ist dabei nur bedingt richtig; es ist heute das Symbol für eine zu materiellen Einstellung. Auch die Esoterik, jeder Glaube, ja sogar die Liebe stellen eine Realität dar, was am klarsten noch bei der Liebe zum Ausdruck kommt. Liebe ist nicht beschreibbar, nicht meßbar, nicht faßbar, aber sie ist dennoch vorhanden. Sie verbindet Menschen stärker miteinander, als es jede andere Realität vermag. Liebe ist unüberwindbar, solange sie fest in den Herzen zweier Menschen verankert ist. Eine Realität, aus der sich dann vielleicht jene Realitäten erst ergeben, zu denen uns Horus hinleiten möchte. Horus gilt auch als irdische Inkarnation des Gottes. Damit die Menschen eine greifbare Vorstellung von der Macht und dem Willen der Gottheiten haben, besucht er in Gestalt eines Falken die Menschen, um sie auf den rechten Weg zu führen. Und wie wir im nächsten Bild erkennen können, hat der Falke die Führung sichtbar übernommen.

Der Pharao

Numerierung: IV

Wandel des Stabes: Der Herrscher-Stab (Das Zepter)

Motto: Wer sich beherrscht, beherrscht seine Welt.

Der erste Blick erfaßt einen Pharao, der weisend nach rechts schaut. Der Horusfalke, der im vorigen Bild III noch gegen die Blickrichtung schaute, sitzt dem Pharao beschützend im Nacken und lenkt seinen Blick zum himmlischen Vogel, der das Licht der Sonne mit sich führt. Der Herrscher-Stab wird der Zukunft – also rechts – entgegengehalten. Die rechte Hand jedoch ist offen, zurückhaltend, eine Anweisung unterstreichend. Der Pharao sitzt auf einem Quadratstein, in dem vier Blumen zu erschauen sind, die sich nach links wie nach rechts neigen. Wie die Pharaonin trägt auch der Pharao auf dem Haupt eine Kobra-Uräus-Schlange, doch nicht steinern, wie wir es aus Abbildungen gewohnt sind, sondern eher lebend reagierend. Der Thron in Form des quadratischen Steines weist Hieroglyphen, also heilige Bilder auf, doch in der Mitte erkennen wir das Symbol des Strebens, das göttliche Dreieck.

Die Karte III, die Pharaonin, spielt hier noch eine bedeutsame Rolle. Doch ein Unterschied wird sichtbar: Der Pharao kümmert sich nicht um ein oder das Kind, er herrscht in weitem Rahmen. Sein Zepter ist länger als das der Pharaonin; wir erkennen auch auf seiner Spitze das fürstliche Symbol der Dreiheit und das Sonnen-Symbol, das jeder Pharao, will er erfolgreich sein Reich leiten, in sich tragen und besitzen muß. Die Augen sind weit geöffnet und nach vorn gerichtet; dabei spiegelt sich im Gesichtsausdruck eine markante Konzentration. Dieser Pharao erscheint in seiner Gesamtheit sehr gefaßt, ja würdig; er weiß um seine Führungsrolle.

Der Vogel, der aus dem Himmel hervorschießt, wie von Sonnenstrahlen geleitet, visiert den Pharao mit seinem Falken an. Eine alte Himmelsvorstellung war, daß die Fittiche eines Falken sich über die Welt erstrecken. Sonne und Mond galten als seine Augen. Auch die Sonne wurde mit Flügeln gedacht und in Urzeiten so gezeichnet, also als Flügelsonne, wie wir es über den Tempeltüren (besonders des mittleren Reiches) oder als krönenden Abschluß auf Gedenksteinen noch erblicken können. So wurden auch die toten Falken mumifiziert, da sie als Inkarnation des Gottes Horus galten, womit die Falkenmumien zu Totenbegleitern wurden. Kein Wunder daher, daß der Ba des Menschen, also seine Seele, öfters durch einen Vogel mit Menschenkopf abgebildet wurde, symbolisierend, daß die Seele sich nach dem Tod des Körpers aufmacht, um in die astralen Sphären des Himmels zu fliegen, von wo sie sich einen neuen Körper aussucht, den sie mit dem ersten Atemzug belebt.

Die Großdarstellung des Sonnenvogels weist darauf hin, wie Pharao und Sonnengottheit eng miteinander verbunden sind. Der Falke mit seinem kampfbereiten und scharfen Schnabel ist ein Fang- und Raubtier, dessen Qualitäten sich später die Menschen zunutze gemacht haben, »mit dem Segen der Sonne...« wie es in einer alten Schrift heißt. Kein Vogel hat in Altägypten soviel Furore gemacht wie der Falke, wenn wir vom Ibis einmal absehen; aber auch dieser ist nie so bedeutend geworden. Der Ibis kam zwar auch aus dem Himmel, aber als Vogel des himmlischen Nils – der Milchstraße –, nicht als Abgesandter und Verkünder der schöpferischen Sonne, ohne die kein Leben möglich wäre.

Was offenbart uns dieses Bild nun noch im tieferen Sinn? Es geht auch um die Verwandlung des Dreiecks zum Viereck, also um die Konjunktion, oder, wie es später hieß: um die himmlische Hochzeit von Materie und Geist, da es immer feste Überzeugung war, daß Materie ohne Geist leblos wäre, Geist ohne Materie aber nur eine Traumwelt schaffe. Diese tiefe esoterische Weisheit liegt im Thron des Pharao verborgen.

Legen wir nun die Karte des Uneingeweihten einmal neben dieses Bild, dann wissen wir, welche Lern- und Einweihungserfahrung hier zu bewältigen ist. Nach Aufnahme der weiblichen Vernunft muß auch die männliche Vernunft erlernt und begriffen werden, die über die direkte Nachkommenschaft hinausweisen muß. Auch ein Grund, warum der Pharao *nach* der Pharaonin folgt. Und wie ein Muttertier bedingungslos den eigenen Nachwuchs bis zur Selbstaufgabe verteidigt, hat der Herdenführer (das Leittier) stets das gesamte

IV. Der Pharao

Wohl aller Tiere im Auge zu behalten. Wir lösen uns folglich etwas vom zu Individuellen, sehen den größeren Rahmen und Zusammenhang, wenn wir eine Führungsrolle beanspruchen.

Der Mensch wird damit selbstverständlich anfechtbarer, denn es gilt zu erkennen, daß notfalls das eigene Interesse zurückgestellt werden muß, wozu es oft himmlischer Hilfe bedarf.

Diese Karte symbolisiert also auch die Autorität, die nur dann echt ist, wenn der, der sie ausübt, sich selbst beherrscht, sich selbst zurückstellt. Wer einen Führungsanspruch erwägt, muß mehr leisten können oder sich erarbeitet haben als alle anderen. Nur zum Führer geboren zu sein, das hat noch nie ausgereicht – damals nicht und heute nicht. In dieser Hinsicht hat sich die Zeit gar nicht so sehr verändert.

Der Uneingeweihte sucht noch blindlings, der Pharao schaut wissend in die Ferne. Nun – das erkennen wir im voraus – geht es um persönliche Entscheidungen, zu denen wir jedoch reif sein müssen. Weiter will uns diese Karte vermitteln (genauso wie es die Karte III bereits tat), daß erst das irdische Leben gemeistert werden muß, ehe wir unsere (inneren) Flügel ausbreiten können, um zur Sonne zu starten. Auch die Ägypter kannten ihre Sonnenstürmer, wie es später der griechische Mythos vom Ikarus zu erzählen weiß. Bei der Karte IV kommt der Himmel noch zum Pharao, dessen Blick auch nicht zum Himmel, sondern gradaus gerichtet ist.

> Der vierte Schritt, der hier vollzogen wird, legt dieser Karte folgende Deutungsfaktoren zu Grunde:
> Autorität;
> Vaterfigur (die auch von einer Frau übernommen werden kann);
> das Zukunftsvertrauen;
> Förderungen;
> Selbstbeherrschung;
> Glaube an die Macht der Gottheiten und ihre Umsetzung auf der Erde;
> Pflichterfüllung als Grundlage für Ansprüche und Forderungen;
> Gefahr des Übermutes, des Hochmutes.

Diese Karte symbolisiert noch die Stufe eines anderen Weges, den Weg des Osiris. Hier begegnet uns die Gottheit wieder, die den Magier führte, und diesen nun – so kann man es sehen – zum Herrscher gemacht hat. Aufgrund seiner magischen Fähigkeiten wird ihm also die Führung zugeteilt. Hierbei muß betont werden, daß sich auch der Begriff Magier im Lauf der Jahrtausende sehr gewandelt hat. Heute ist Magier fast eine Berufsbezeichnung für Zauberer oder Verwandlungskünstler, die einen anderen Eindruck von dieser Welt vortäuschen wollen. Früher wurde der Magier stets als Meister und Beherrscher der vier Grundelemente angesehen, wie sie in der Karte I zum Ausdruck kamen. Erst wer diese beherrscht, der kann zum Herrschenden aufsteigen, wobei es nicht immer die Stellung des Pharao sein muß. Doch geht es immer um das Erlangen einer Autorität, die aus der Leistung geboren ist.

Wären die Götter nicht, würden die Herrschenden ihre Macht mißbrauchen, schrieb einmal (dem Sinn nach) ein alter Ägypter, der eine Legende erzählte. Er verkündete so eine tiefe Wahrheit, die selbst heute noch gilt, wenn sie auch den Herrschenden vielfach nicht mehr gegenwärtig ist. In diesem Sinn ist die Karte IV zu verstehen.

Der Hohepriester

Numerierung: V

Wandel des Stabes: Der Stab des Thot

Motto: Alles und jedes hat seine Zeit

Der erste Blick erfaßt den Hohepriester, der seine Hand prüfend oder wie zum Schwur erhoben hat. In der anderen Hand hält er *seinen* Stab. Es ist das einzige Mal, daß der Stab auf eine bestimmte, also zu nennende Person bezogen ist. Dieser Stab ist dunkel, aber er ist ein verlängertes »Anch-Zeichen«, das besagt, daß das Leben stets weitergeht, egal wie die Zeit läuft.

Neben dem Thron, der sesselförmig und nicht mehr schlicht quadratisch gestaltet ist, hocken zwei Menschen, eine Frau und ein Mann. Eine Person erscheint von der Kleidung her dunkel, eine hell; dabei ist es völlig unwichtig, ob der Mann hell gekleidet ist oder die Frau; genauso könnte es auch umgekehrt sein.

Hier geht es um zwei grundsätzliche Scheidungen, die das Magische betreffen. In der Karte IV waren wir zu dem Schluß gekommen, daß magische Kräfte zur Führung gehören. In dieser Karte aber wird auf die gefährlichen Seiten der Magie hingewiesen, nämlich auf die weiße wie auf die sogenannte schwarze Magie. Auch im alten Ägypten war die schwarze Magie durchaus bekannt, und sie nahm während des allgemeinen Kulturverfalles derart zu, daß das Priestertum diese Art der Magie, die ein Mißbrauch war, nicht mehr bannen konnte.

Der Hohepriester weiß um diese Gefahr, deswegen mahnt er mit seiner Hand die schwarz gekleidete Person, während er seinen Lebensstab (Anch) an den Rücken des Hellgekleideten hält. Beide Schüler aber, und es sind noch Schüler, die vor dem Meister knien, haben bereits viel gelernt, so daß die weibliche Person um das Männliche weiß, wie es der Dolch am Gewande ausdrückt, und er das Weibliche kennt, was durch das Tragen des Schmuckes angezeigt wird.

Der Hohepriester versieht seinen Dienst als Priester des Thot, wie der Ibis-Vogel zeigt, den er als Schmuck auf seinem Haupt trägt. Der Ibis-Vogel war stets der Künder der fruchtbaren Zeit. Er kündigte, wie der Skarabäus, den kommenden Nilschlamm an und rettete dadurch vielen einfachen Fellachen das Leben.

Die Gottheit Thot ist die Gottheit der vierten Dimension, der Zeit. Aus Thot wurde später Chronos und Saturn. Wer die Zeit beherrscht, beherrscht alles, auch die Wissenschaften, die Erfahrungen wie die Schicksalsabläufe. Zeit kann nur eines nicht: Leben schaffen. Deswegen allein ist der Gott Thot nicht der oberste Gott.

Wir sehen oben eine Sonne leuchten, denn durch das Messen des Sonnenganges wurde die Zeit für die Menschen meßbar. Dazu dienten auch die Herrschersymbole der Obelisken, denn ihre Schatten wirkten wie die Zeiger einer Sonnenuhr, was manche Herrscher übrigens sehr beunruhigte, denn sie mußten mit einer damals noch unberechenbaren Zeit leben. Gab es eine Finsternis, mußten sie sterben. Erst durch die astronomische Berechnung der Finsternisse durch die Priesterschaft des Gottes Thot konnten auch Finsternisse vorausgesagt werden. Dies führte dann dazu, daß die Pharaonen sich ein Ersatzopfer suchen konnten, was meist ihr Erstgeborener war.

Mehr verrät uns die Karte durch ihren Hintergrund, wenn wir das Bild des Uneingeweihten daneben legen. Wie an der Hohepriesterin muß auch hier der Uneingeweihte am Hohepriester vorbeischreiten, der ihn dabei kritisch beobachtet. Der Hohepriester weist nicht, wie Pharaonin und Pharao, mit dem Blick in die richtige Richtung, weil es hier um eine innere Entwicklung geht, um die der Seele.

Zu den Füßen des Hohepriesters blühen schon fünf Blumen, die sich wie ein Kelch nach allen Richtungen strecken. Seine Beine sind deutlich erkennbar, wobei die Knie eine besondere Betonung zeigen, was durch die zwei knieenden Gestalten noch unterstrichen wird. Der Hohepriester zwingt also zum Beten. Gebetet wird in demütiger, knieender Haltung, da man seinem Gott nicht aufrecht, also kampfbereit entgegentritt. Im Knien braucht keine Würde aufgegeben zu werden. Aber die Knie zu beugen bedeutet eine Respektserweisung, die allerdings nur Göttern zusteht, also von keinem anderen gefordert werden darf. Wer kniet, der wird gesegnet werden. So ist auch die Geste der Hand des Hohepriesters zu verstehen.

Der Hohepriester

Der Hohepriester ist zurückhaltend. Sein Mund ist halb geschlossen, da nicht alles ausgesprochen werden muß. Die Größe seiner schlanken Gestalt verrät, daß wir es hier mit einer überdimensionalen Person zu tun haben, deren Verbindung zum Himmel über den Kopfschmuck geht, daß heißt, hier ist keine andere Verbindung – etwa über einen Vogel – notwendig.

Dies alles zwingt zum Nachdenken über die eigene Kleinheit, zwingt zur inneren Bescheidenheit im Angesicht der riesigen Obelisken, von denen einer aus der Tiefe der Erde zu kommen scheint, der andere weit zum Himmel emporstrebt. Die Obelisken stehen aufgerichtet. Der Uneingeweihte, der an einem liegenden Obelisken vorbeischritt, ist also schon auf seinem Einweihungsweg ein gutes Stück vorangekommen. Es ist der fünfte Schritt, der hier vollzogen wird, der Schritt der Prüfung. Auf den nächsten Etappen begegnet der Suchende keinen Priestern oder Pharaoninnen beziehungsweise Pharaonen mehr. Von nun an ist er zunächst auf sich allein gestellt. Daran erinnert dieser Hohepriester auch, von dem wir nicht genau wissen, ob es nicht die Gottheit Thot persönlich ist.

    Dieser Karte liegen folgende Deutungsfaktoren zugrunde:
    Das Zeitgesetz;
    die Prüfung;
    die Versuchung zur schwarzen Magie, um Zeit zu sparen und schneller Macht auszuüben;
    Überwindung der inneren Ängste;
    Selbstprüfung der eigenen Reife.

Diese Karte, die auch die fünf Sinne symbolisiert (Kartennumerierung fünf), stellt neben dem fünften Schritt des Uneingeweihten auch die zweite Stufe des Isis-Weges dar.

Isis, die das Weibliche, somit die empfangende Seele versinnbildlicht, uns aber auch – wie Osiris – aus dem Reich des Dunkeln erlösen kann, hatte eine eigene Priesterschaft, die mit der der Gottheit Thot in vielem gleich ausgerichtet war. Gerade Isis verlangt die Entwicklung der Seele, die Reife unserer in uns lebenden Kräfte, die schon vor der Geburt vorhanden waren. Diese Kräfte jedoch, die mehr bewirken können als alle realen Möglichkeiten eines Menschen, müssen ganz besonders ausgebildet sein, und die Schüler müssen sich deshalb auch besonders harten Prüfungen unterziehen. Die Seele kennt insofern keine Zeitgesetze, da sie nicht stirbt, aber das Unsterbliche in uns darf nicht – wie wir noch sehen werden – den Dämonen ausgeliefert werden.

Daher ist die zweite Stufe des Isis-Weges besonders wichtig, denn wer seine Seele nicht in den Griff bekommt, der muß in seiner Entwicklung weit zurück, muß wieder und wieder lernen, bis der Hüter der Schwelle, der Gott Thot, den Weg für ein Emporsteigen freigibt.

So baut die Karte fünf auf der Karte zwei auf. Markant und gleich ist nicht nur der ähnliche Name, sondern auch der großdimensionierte Stab, wenn der des Hohepriesters auch mit dem Anch-Zeichen ausgestattet ist. Thot war ursprünglich ein Mondgott, und der Mond half dem Menschen, die Zeit zu messen und seine Seele zu erkennen. Beides steht hier auf dem Prüfstand, denn der nächste Schritt führt zur ersten individuellen, also persönlichen Entscheidung des Suchenden, die Reife verlangt. Ist die Prüfung bestanden (Karte V), kann man diese Reife erwarten.

Die zwei Wege

Numerierung   VI

Wandel des Stabes   Der Pfeil des Himmels

Motto: Zweifel sind fruchtbar – ewige Zweifel zerstörerisch.

Der erste Blick erfaßt den einst Uneingeweihten mit dem Blick nach vorn. Der Mann unter dem Sternenhimmel ist an einer Wegkreuzung angekommen, er steht vor der Wahl, den Weg ins Dunkle oder den Weg ins Helle zu gehen. Die zwei Frauen dokumentieren, daß jeder Weg seine Schattenseiten beziehungsweise seine Helligkeiten aufweist. Die Frauen werben *nicht* um die Liebe dieses Mannes, daher sind sie auch nicht nackt, sondern eher züchtig gekleidet. Der Mann schaut auch zu keiner der Frauen hin. Man erkennt, daß es sich hier mehr um die zwei Seelen (die immer weiblich sind) handelt, die den Mann in seiner Wegwahl irritieren.

An seinen Füßen ist er durch die Lemniskate gebunden, was darauf hinweist, daß für den Gang in die Unendlichkeit beide Wege beschritten werden müssen. Es handelt sich nur noch um die Frage, welcher Weg zunächst zu beschreiten ist, denn beide Wege auf einmal zu gehen dürfte wohl unmöglich sein.

Der dunkle Weg führt eher zurück, zu den gemachten Erfahrungen, der helle Weg führt in die Zukunft, aber beides gehört zusammen. Das zeigt die Lemniskate an den Füßen des Mannes überzeugend an. Auf jeder Seite eines Weges blühen je drei Blumen, die göttliche Drei, das Pyramiden-Symbol, liegt also an beiden Straßen.

Vom Himmel zielt ein Pfeil auf den Kopf des Mannes. Der himmlische Pfeil ist nicht auf eine Bindung, nicht auf eine Frau, nicht auf das (oder ein) Herz gerichtet – sondern allein auf den Kopf. Der Himmel erwartet eine Entscheidung des Verstandes.

Der einst Uneingeweihte ist in ein Stadium geführt worden, wo er seine eigenen, persönlich verantwortlichen Entscheidungen zu treffen hat. Er selbst ist jetzt gefordert, nachdem er geschult und geprüft worden ist. Die zwei Seelen in seiner Brust (wie Goethe es nannte) locken ihn jeweils in eine Richtung, und – um es noch einmal zu betonen – beide Seelen wissen um den richtigen Weg. Es geht mehr darum, welcher Schritt nun zu erfolgen hat. Darin liegt das Problem. Der Such-Weg ist an einer Weggabelung angekommen; der Wegweiser jedoch ist nicht zu sehen, den muß der Mann in sich selbst finden.

(Diese Karte wäre genauso denkbar mit einer Frau in der Mitte, aber im alten Ägypten waren in erster Linie die Männer aufgerufen, Adepten zu werden. Vom Sinngehalt her geht es um den Menschen, der entscheiden soll).

Entscheidungen sind schwer zu treffen, wenn Zweifel nagen. Zweifel sind notwendig, weil sie vor einer zu großen Selbstsicherheit warnen, die uns beispielsweise in der folgenden Karte begegnen wird. Aber jeder Zweifel muß durchdacht und dann durch eine Entscheidung beseitigt, innerlich besiegt werden.

Noch deutlicher wird der Sinn der Karte, wenn wir den Uneingeweihten in seiner ursprünglichen Erscheinung daneben legen. Damals war er blind, wenn auch auf freiwilliger Basis; jetzt schaut er geraden Blickes in die Gegenwart. (Die Zunkunft liegt immer rechts vom Betrachter aus.) Der Uneingeweihte erinnert sich hier an das Gewesene, an das, was ist, um so Entscheidungen für die Zukunft zu treffen. Diese Karte stellt auch die letzte Möglichkeit dar, vom einmal eingeschlagenen Pfad abzuweichen, zurückzugehen. Noch darf der Mann umkehren, weil er den echten Geheimnissen, die zur Einweihung führen, noch nicht begegnet ist. Darin liegt der tiefere Sinn der Karte.

Modern formuliert können wir sagen: Die Probezeit ist bestanden und zu Ende. Will der zukünftige Adept nun auf dem eingeschlagenen Weg weitersuchen, gibt es kein Zurück mehr. Wer diesen Weg dann nicht durchhält, der kann nicht mehr in den Ursprungskreis der Uneingeweihten zurückkehren, sondern muß dem Kreis der Eingeweihten dienen, ohne wirklich dazuzugehören.

VI. Die zwei Wege

Die altägyptische Geschichte ist voller Beispiele für diese Entwicklung, da die, die diese Einweihung nicht erreichten, meist abgeschlossen von der Außenwelt im Tempel ihre Dienste verrichten mußten. Kein Wunder, daß nun jedem, der bis hierher gelangt ist, Zweifel kommen, denn neben der Verheißung, zu den Eingeweihten zu gehören, steht das Risiko, wie ein Sklave dienen zu müssen, und zwar ohne die Chance, jemals in höhere Gefilde aufsteigen zu können, selbst wenn das Dienen noch so perfekt und gläubig und zur Zufriedenheit aller gemeistert wird.

Darum geht es bei diesem sechsten Schritt. Es ist der Sprung auf die andere Seite des Flusses, ohne Umkehrmöglichkeit, womit aber nicht der irdische Tod gemeint ist, auch wenn dieser schon als eine Vorprüfung für den später zu erfolgenden wahren Gang über die Schwelle betrachtet werden kann. Und wie die Lemniskate die Polarität symbolisiert, so haben wir auch hier die zwei Wege, die gegangen werden können, wobei jeder Weg verlockend und wertvoll erscheint. Der Mann steht folglich vor einer Eigenprüfung, die meist nur im esoterischen Sinn durch eine Meditation mit Selbstbefragung gelöst werden kann, denn die Entscheidung muß, das zeigt der Pfeil, mit klarem Kopf, also nicht in einem Rausch oder in einem rauschartigen Zustand getroffen werden. Der Noch-nicht-Eingeweihte (soweit ist der Uneingeweihte schon gekommen) darf nicht einmal die Sterne befragen, weshalb er ihnen den Rücken zuwendet.

Um es klar zu sagen: Noch kann der Mann zurück. Geht er vorwärts, nach rechts – muß dann der Weg zurück zwar auch, aber in der innern Bewältigung gegangen werden. Oft mit der Absage an Verlockungen, denn ein Eingeweihter muß vielen irdischen Freuden entsagen, ohne Wehmut und ohne Klage.

So ergeben sich hier folgende Deutungsfaktoren:
Die Lebensentscheidung, wie die Entscheidung überhaupt;
der Zweifel und die Konsequenz daraus;
die Schulung des Verstandes;
das Intellektuelle;
die Fähigkeit des Überlegens und Urteilens;
die Frage – die Antwort;
die freie Entscheidung;
der Sprung zum anderen Ufer.

Dieser sechste Schritt ist gleichzeitig die zweite Stufe des Horusweges. Aus dem Kind der Pharaonin (Karte III) ist ein junger Mann geworden, der die Einführungslehre abgeschlossen hat und nun vor seiner eigenen Lebensbestimmung steht. Alle großen Pharaonen (und die weniger großen auch) fühlten sich als Horus, somit als Sohn des Osiris und der Isis.

Die Karte VI ist auch als Anschluß an die Gottheit zu verstehen, was durchaus bedeuten kann, daß der Vorwärtsstrebende für diese Gottheit kämpfen muß oder ihr zumindest Opfer zu bringen hat. Vor jedem Mann (auch vor jeder Frau), die im alten Ägypten Karriere machen wollten (wie wir es heute ausdrücken würden), stand die Frage, wem sie im religiösen und geistigen Sinn dienen wollten. Wenn also ein Pharao einen bestimmten Namen annahm, der sich auf eine Gottheit bezog, dann dokumentierte er vor aller Öffentlichkeit seine Herkunft, die die Pharaonen mit bestem Gewissen gern von einem Gott ableiteten – wie beispielsweise der Pharao Sethos, dessen Name vom Gott Seth abgeleitet ist. Auch der Kopfschmuck vieler Pharaonen wies auf eine innere Beziehung zu einem Gott hin.

Aus dem kleinen Harpokrates – gleich Horus, das Kind – ist also Horus geworden.

Der Wagen des Osiris

Numerierung: VII

Wandel des Stabes: Der Zügel

Motto: Wer sich nicht zügelt, kann nicht lenken.

Der erste Blick erfaßt den Uneingeweihten auf dem in voller Fahrt befindlichen Wagen des Osiris stehend. Der Uneingeweihte hat nun seine Entscheidung getroffen, er will nach vorn, will eingeweiht werden. Dadurch ist er von unruhigen Emotionen erfaßt, so daß er den Wagen des Osiris (sinnbildlich) erstiegen hat, der unter dem Schutz der Sterne steht. Der Uneingeweihte hält nun schon die Herrscherzeichen in der Hand, den Krummstab (Hirtenstab) und den Wedel (die Geißel). Beides kann er eigentlich bei seiner ungeduldigen Fahrt gar nicht verwenden.

So soll er wohl diese beiden Machtinsturmente erst einmal gegen sich anwenden. Der Wagen ist in voller Fahrt, wie die aufgerichtete Deichsel oder Wagenachse anzeigt, obwohl der Wagen schwer beladen ist. Der Wagenlenker (wir denken dabei auch an den sagenumworbenen Wagenlenker aus Delphi) zieht mit sich eine helle und eine dunkle Sphinx. Noch immer begleitet ihn das Helle und das Dunkle, das er nie mehr loswerden wird, denn beim genauen Hinsehen erkennen wir, daß die dunkle Sphinx im Grunde der Schatten der hellen Sphinx ist: denn gäbe es keinen Schatten, gäbe es keine Helligkeit; gäbe es keine Helligkeit, wären Schatten nie erkennbar. Das Dunkle ist also unser Schatten, rätselhaft wie die Sphingen, die – ob sichtbar oder nicht – den Uneingeweihten auf seinem Einweihungsweg begleiten. Der Wagenlenker steuert sein Gefährt sehr ungeduldig, denn er überfährt *sieben* Blumen, die dabei zu Schaden kommen. Das heißt, die Selbstdisziplin, die notwendig ist, um den Wagen des Osiris zu lenken, ist noch nicht erreicht.

Tiefer in die Bedeutung der Karte dringen wir ein, wenn wir das Bild des Uneingeweihten daneben legen. Der Uneingeweihte hatte seinen Blick nach oben gerichtet, aber er wagte den Weg in Richtung Abgrund, sein Weg führte bergab. Auch der Wagenlenker hat seinen

Blick (jedoch offen) nach oben gerichtet; doch für ihn gibt es nur ein Ziel, und das liegt in der Höhe. Das ganze Bild läßt den Aufwärtsdrang erkennen. Das Selbstbewußtsein ist gewachsen, nachdem der Mann gelernt hat sich zu entscheiden. Entscheidungen führen immer weiter, selbst wenn sie falsch oder wenig diplomatisch sind. Aber das Leben verlangt Entscheidungen, und die Entscheidung für eine Einweihung ist besonders anspornend und befruchtend. Das Schlimmste im Leben ist es, nie zu eigenen Entscheidungen zu kommen, weil dies die Konsequenz enthält, zu selbstverantwortlichen Handlungen unfähig zu sein.

Sich nicht entscheiden zu können heißt, sich treiben lassen, heißt, das Schicksal aus der Hand zu geben. Dies ist den Massenmenschen eigen, die von Jubel in Trauer, von Verführungen in Depressionen taumeln. Unser Mann hat sich entschieden, und wenn dabei selbst Blumen auf der Strecke bleiben, so führt diese Entscheidung doch weiter. Zu beachten ist dabei, daß die Führung der Zügel geschickt und sachgemäß erfolgt. Dies geschieht, wenn man zuvor sich selbst Zügel anlegt.

Auf der Gürtelschnalle erkennen wir jetzt die Lemniskate, die im vorigen Bild noch die Füße des Zweifelnden fesselte. Nun bestimmt die Lemniskate die Mitte dieses Mannes wie im Bild des Magiers, doch inzwischen ist die Lemniskate verdient worden, während sie vorher nur eine Möglichkeit war. Und diese Lemniskate liegt waagerecht, sie führt zur Mitte und ist die Mitte zugleich, hier auch auf dem dunklen Gürtel die Bedeutung des Lichtes und des Schattens wiederholend. Wie ähnlich der Wagenlenker nun dem Pharao und dem Hohepriester wird, zeigt der Bartschmuck, der jedoch nur in sinnbildlicher Art die Nähe zu den Vorbildern andeutet, denn der Weg zu einem von beiden ist noch sehr weit. Deswegen ist ja die Geschwindigkeit des Wagens so hoch.

Aber der Lenker strahlt Sicherheit aus, er hat sich und seine Zweifel besiegt, er wirkt wie neugeboren. Denn wir werden nicht nur von einem Leben zum anderen neu geboren, sondern auch im irdischen Leben können wir dies mehrmals erleben. Und was im kleinen stimmt, das gilt auch für das Große, das Überdimensionale, denn wenn das Unten so sein soll wie das Oben, dann ist das Oben auch wie das Unten. Dieser Mann will vorwärts! Der Wagen des Osiris wurde stets als Siegeswagen verstanden. Nur diejenigen auf

VII. Der Wagen des Osiris

Erden dürfen diesen Wagen benutzen, die den größten Sieg errungen haben, der menschenmöglich ist: den *Sieg über sich selbst*.

Wer sich besiegt, dem strömt eine unheimliche Kraft zu, von der die nichts ahnen und auch nichts ahnen sollen, die den Kampf mit sich selbst nicht aufnehmen. Das sind all die, die nicht gelernt haben, sich zu entschuldigen, die sich nicht korrigieren können, die immer meinen, im Recht zu sein, die meinen, es drehe sich alles nur um sie allein. Und sie können noch so selbstgerecht leben – die Schicksalsschläge bleiben ihnen doch nicht erspart. Diese Menschen sind dazu verdammt, nicht zu erkennen, daß jedes Schicksal von innen, nie von außen kommt, daß also jeder für sein Los selbst verantwortlich ist.

Jetzt hat der Uneingeweihte die Bestien (die Krokodile) wirklich überwunden, weiß auch, daß es keinen Weg mehr zurück gibt. Somit ist der Rücken frei; der Sinn ist ganz nach vorn gerichtet, der Ballast scheint abgeworfen. Aber mit einem nur Abwerfen ist es nie getan; daran erinnern die beiden Sphingen.

Selbstbewußtsein führt zur Eigenbestätigung und zur Eigentätigkeit. Wird letzteres vergessen, zerstiebt die Selbstbestätigung, und wir kämen wieder zum Null- oder Ausgangspunkt zurück.

So sind die Folgerungen für die Deutung dieses Blattes leicht zu ziehen:
Selbstbestätigung;
Mut für die Zukunft;
Selbstüberwindung;
Handlungsbereitschaft;
Gefahr des Über- oder des Hochmutes;
Ungeduld in bezug auf die Zielerreichung;
Elan und Bereitschaft, sich den Widrigkeiten zu stellen;
Abschluß eines Lernprozesses.

Wir haben den siebenten Schritt des Uneingeweihten verfolgt, damit eine göttliche Zahl erreicht, die sich paart mit der göttlichen Drei, denn gleichzeitig verbindet sich hier die dritte Stufe des Osirisweges mit der Sieben. Dreimal 7 ergibt 21, die Zahl der Lehr-Schritte der Großen Arkana.

Aus dem Magier (erste Stufe des Osirisweges) und der Begegnung mit dem Herrscher Pharao (zweite Stufe des Osirisweges) dürfen wir nun den Wagen des Osiris besteigen und steuern. Osiris ist die Gottheit der Reformen, also der Wandlungen. Aber jede Wandlung oder Reform fängt beim Menschen selber an. Darum geht es in dieser Stufe.

Wir verstehen jetzt, wie sich der Mann der Karte VI in den der Karte VII gewandelt hat. Erfolgt die Selbstwandlung nicht, dann müssen wir uns ohne den Segen und die fernere Führung des Osiris ändern, was kaum gelingen dürfte. Auf keinen Fall reicht dies für den Weg der Einweihung, auf dem wir Osiris nahekommen wollen; denn zu ihm hin steuern wir seinen Wagen.

Osiris lebt in uns allen; wir müssen ihn nur in uns entdecken. Das können wir jedoch erst, wenn wir uns selbst entdeckt und kennengelernt haben. Wer kennt sich schon – wenn auch jeder meint, sich zu kennen? Wir brauchen eine göttliche Kraft, um aus diesem Irrtum befreit oder erlöst zu werden.

Die Gewissenswaage

Numerierung: VIII

Wandel des Stabes: Die Waage – das Schwert

Motto: Nur wer ein Herz besitzt, vermag Herzen zu wiegen.

Der erste Blick erfaßt eine überdimensional große Waage. Im Hintergrund erkennen wir den Umriß eines Frauenkopfes. Heute würden wir von der Justitia sprechen, aber es handelt sich um den Kopf der Göttin Ma'at. Ihre Augen sind verdeckt, wenn auch nicht durch eine Binde, so doch durch ein Schwert und den Querbalken der Waage. Daß es sich bei dem Riesenkopf um eine Göttin handelt, wird durch den Horusfalken deutlich, der oben rechts zu sehen ist, der das Wägen des Gewissens – darum geht es in dieser Schrittstation – mit überwacht. Der Mund der Göttin ist voll, also voller Leben, damit anzeigend, daß sie durchaus von den irdischen Versuchungen weiß.

Am Fuße der Waage liegt ein Papyrus mit den Notizen über das Leben des Menschen, dessen Herz hier gewogen wird. Das Herz liegt auf der einen Schale. Das Gegengewicht ist überaus leicht, es ist eine Feder. Es handelt sich um eine stilisierte Straußenfeder der Göttin Ma'at. Ma'at selbst personifiziert das umfassende Recht, damit auch die Wahrheit, die Ordnung und Eintracht sowie die Gerechtigkeiten des Kosmos, also der gesamten Weltenordnung. Wer Priester der Ma'at wurde, der war gleichzeitig der oberste Priester im Lande und übte damit eine bedeutende Macht aus. Ma'at gilt als Tochter des Re und gleichzeitig als die absolute Wahrheit, eine Wahrheit, die weit über das hinausgeht, was wir Menschen im bürgerlichen Recht zu finden meinen. So thront Ma'at auch im Gerichtssaal des Osiris, denn jede Gottheit besitzt einen Gerichtssaal, um in ihm gerecht zu wägen.

Es gibt unzählige Abbildungen von einem Totengericht, die aus den verschiedensten Epochen stammen und zum Teil sehr unterschiedlich sind. Das Herz wird immer gewogen, aber nicht im Sinn einer bürgerlichen Moral, nicht nach einem Gesetz, das sich Menschen rein aus dem Verstand zusammengezimmert haben, um Ordnung im Zusammenleben zu finden. Nein, hier geht es mehr um den großen Bogen, den später auch die Religionen übernahmen, da eher den Sündern verziehen wurde, wenn sie bereuten und büßten, als den Selbstgerechten, die für sich in Anspruch nahmen, das göttliche Gesetz nach ihren Vorstellungen auszulegen. Hier geht es um die Gerechtigkeit im Sinne der Reife und Entwicklung. Deswegen liegt diese Karte auch als Karte VIII, also ziemlich früh, als sollten die künftigen Eingeweihten gemahnt werden, daß eines Tages alles gewogen wird, auch die Ungeduld, die in der vorhergehenden Karte zum Ausdruck kam, auch Hochmut und Übermut, die nach irdischem Gesetz nicht strafbar sind.

Zu Füßen der Waage erkennen wir den hunde- und schakalähnlichen Anubis-Gott, der oft als Wägemeister angesehen wird, zusammen mit einem Krokodil, dem Fresser mit dem Höllenrachen, dem das Herz zufällt, wenn es für zu schwer befunden wird. In diesem Fall aber scheint das Herz nicht schwerer als eine Feder zu sein, so daß es dem Suchenden erlaubt sein dürfte, seinem Einweihungsziel weiterhin zuzustreben. Es ist bezeichnend, daß die Wägung des Gewissens von Tieren vorgenommen wird, wenn auch unter Aufsicht der Tochter des Re, Ma'at. Nach den Gesetzen des Himmels durfte der Mensch kein Tier gering achten und es etwa gar leichtfertig oder quälerisch töten.

Wir verstehen unter Herz im symbolischen Sinn das Gute, das Liebe, das Herz, das man verschenken kann oder das hart wie Stein ist. In Ägypten bedeutete das Herz den Sitz des Bewußtseins und des sittlichen Willens – und dies wird von Tieren und ihren Göttern gewogen. Wenn das Herz diese Prüfung besteht, dann können die acht Blumen am Fuße der Waage weiterblühen und sich dem Himmel entgegenrecken.

VIII. Die Gewissenswaage

Noch tiefer dringen wir in die Symbolik dieser Karte ein, wenn wir die des Uneingeweihten daneben legen. Auffällig die Augen, die jeweils von außen verdeckt sind. Dadurch spüren wir, daß der Uneingeweihte mit seinem achten Schritt auf einer entscheidenden Station angekommen ist. Es ist auch wahrlich die vorletzte Station. Unbelastet von der äußeren Welt trat er – nach innen sehend – seinen Weg an und begegnet nun Ma'at, der Tochter des Re, die ihn auch nicht vom Äußeren her wertet. Und der Uneingeweihte begegnet noch einmal dem Krokodil, das ihn also bis hierher verfolgt hat, hoffend, er würde doch noch zum Opfer werden.

Dieses Bild hat noch eine Besonderheit. Wir begegnen hier zwei Stäben. Der senkrechte Waagemesser ist der eine Stab, das waagerechte Schwert der zweite. Damit haben wir das Kreuz, das in alle vier Richtungen weist und das Symbol ist für das Unten wie Oben, das Links wie das Rechts und all der anderen Paarungen und Polaritäten. Das Schwert sagt jedoch auch aus, daß um die Gerechtigkeit gekämpft werden muß. Es gibt keine kampflose Gerechtigkeit. Bis hierher konnte der Suchende vielleicht ohne Kampf kommen, nun muß er ihn aufnehmen, was nichts mit kriegerischen Auseinandersetzungen zu tun haben muß. So ähnlich diese Karte dem Totengericht auch sein mag, um einen Verstorbenen handelt es sich bei der großen Arkana nicht, sondern um einen Hinweis auf die Tatsache, daß wir uns alle eines Tages diesem Gericht stellen müssen, wobei jeder für sich die Gelegenheit zur Rechtfertigung bekommt, die aber im Grunde nicht einmal erforderlich ist.

Auch hier ist die Blickrichtung wichtig. Die Göttin Ma'at läßt den Suchenden an sich vorbeischreiten; sie spürt, ob es ihm vor dem Weitergang graust oder ob sich sein Schritt auch nur verzögert.

So ergeben sich aus dem Sinn dieser Karte folgende Deutungshinweise:
Wägung des Herzens;
Abwägung des Bewußtseins;
Erforschung des Gewissens, besonders des eigenen;
Harmoniebedürfnis;
Prüfende Innenschau;
das Ringen um das innere Gleichgewicht, den Gleichmut und den Gleichklang.

Dieser achte Schritt ist auch der Schritt aus der äußeren Lemniskate in die innere, denn die Zahl acht – arabisch geschrieben – spiegelt dieses Ergängzungssymbol ja wider.

Dies kommt in den Symbolen der Tiere auf diesem Bild gut zum Ausdruck, da wir unten die Höllen- und Totentiere sehen, oben aber das Tier der Sonne, das Tier des Lichtes, den Horusfalken. Diese Tiere halten sich genauso das Gleichgewicht wie Feder und Herz, wie der Griff des Schwertes und seine Spitze, wie der Kopfschmuck der Ma'at. Und die Blumen wiegen das Gewesene auf, das links, also hinter uns liegt, während das Kommende rechts zu erwarten ist.

Der achte Schritt stellt nun gleichzeitig die dritte Stufe des Isisweges dar, da die Hohepriesterin (Karte II) und der Hohepriester (Karte V) auf die große Prüfung (Karte VIII) vorbereitet haben. Isis steht auch hinter dieser Göttin, denn Isis geht es in ganz besonderem Maße um das Herz. Aus diesen drei Stufen geht aber auch hervor, daß niemand unvorbereitet vor das entscheidende Gericht gerufen wurde. Wer kam, der verteidigte sich mit Negierungen etwa in folgender Art: »Nicht habe ich bewirkt das Leid der Menschen, nicht habe ich Unrecht an die Stelle des Rechtes gesetzt, nie habe ich den Waagebalken verschoben, nie sündigte ich wider die Natur...«

In dieser Art verlief die Verteidigung, und wenn stimmte, was gesagt wurde, blieben die Schalen im Gleichklang. Wurde die Unwahrheit gesagt, senkte sich die Schale mit dem Herz, was Thot oder sein Priester (Karte V) notierten.

Doch unsere Suchender darf weiterschreiten.

Der Einsiedler

Numerierung: IX

Wandel des Stabes   Der Licht-Stab

Motto: Wer allein ist, muß nicht einsam sein.

Der erste Blick erfaßt einen großen Mann in einem überwiegend dunklen Gewand. Es ist unser Uneingeweihter, der sich nach der Begegnung mit der Göttin Ma'at sehr gewandelt hat und dessen Weg hier zu Ende geht. Wir nehmen Abschied von ihm, lassen ihn mit seinem Licht nach innen, also in sich hineinschauen. Der Suchende trägt einen sehr langen Stab, der an die Stäbe der Hohepriesterin und des Hohepriesters erinnert, doch ist der obere Teil nun deutlich als Anch-Symbol ausgearbeitet mit dreifachen Schwingen, die nach vorn wie nach hinten zeigen. In der linken Hand hält er sein Licht. Im alten Ägypten kannte man schon die Möglichkeit, Licht in die dunkelsten Winkel zu bringen, indem man über einen Spiegel das Sonnenlicht in eine dunkle Höhle oder Ausgrabung lenkte. Ein weiterer Spiegel nahm dieses Licht auf, um es dann um eine Ecke herumzulenken. So konnte die Sonne über viele Spiegelungen in manch Dunkles das Licht des Tages bringen. Darum geht es in diesem Bild, in dem ein riesiger symbolischer Spiegel alles zu beherrschen scheint.

   Im Untergrund zeigen sich Schlangen, die sich durch das Licht angezogen fühlen. Der Suchende erschaut mittels des Lichtes, das er in sich entzündet hat, die Schlangen-Dämonen, die in ihm wohnen und die er vorher nicht zur Kenntnis genommen hatte. Aus der Tiefe wachsen drei Blumen mit neun Blüten als Zeichen, daß selbst bei nur wenig (innerem) Licht das Dunkle im Menschen zum Blühen und damit zur Fruchtbarkeit gebracht werden kann, denn aus jeder Blüte könnte eine Frucht entstehen. Der Blick des Mannes ist nach rechts gerichtet – also in die Zukunft.

Tiefer dringen wir in die Symbolik der Karte ein, wenn wir das Bild 0 oder XXII daneben legen. Beide Male ist der Mann mit

Tieren allein. Aber die Tiere auf der Karte 0 sind Tiere, die äußerlich erscheinen, wenn auch der Hund den Instinkt des Mannes mitverkörpert. Die Tiere auf der Karte IX jedoch sind Symbole für Dämonen, die im Innern eines Menschen leben. Es sind Nattern, Schlangen, Kobras. Also böse Gedanken, Lüste, Neid und was alles so an einem von innen heraus fressen kann. Dem Mann wird dies nicht mehr schaden, da er diese Tiere bewußt an- und damit ausleuchtet. Die Tiere versuchen zwar, den Suchenden zu ängstigen, die Schlangen richten sich kampfbereit auf, aber sie können ihn nicht erreichen.

Auf dem Bild 0 oder XXII sehen wir, daß der Uneingeweihte sich die Augen verbunden hat, um nach innen zu blicken. Nun schaut er nach innen, aber er braucht dabei seine Augen nicht mehr zuzudecken; er kann nach außen, nach vorne und zugleich nach innen sehen. Damit hat er einen gewaltigen Sprung in seiner Entwicklung gemacht. Der Weg des Uneingeweihten ist wirklich zu Ende, ohne daß die Einweihung schon erreicht ist. Aber darauf kommt es im Moment noch gar nicht an.

Der Suchende ist allein, er beschäftigt sich mit sich selbst. Nun besteht auch eine Gefahr, wenn man sich nur mit sich allein beschäftigt, was man hin und wieder tun muß, um die Verbindung zum animalischen Grundinstinkt nicht zu verlieren. Der Hund, den wir auf der Karte des Uneingeweihten sehen (nicht die reinen Anubisgeschöpfe innerhalb der Karten I bis XXI), hat seine Schuldigkeit getan, er hat mit seinem Instinkt den des Suchenden aufgeweckt, der sich so erkennt und wohl auch zu verstehen lernt. In dieser Hinsicht muß jeder seinen Weg allein gehen, muß Einsamkeit auf sich nehmen. Was aber nicht heißt, allein zu sein. Denn wer sich auf den Weg gemacht hat, der findet stets Begleiter, Beschützer, Betreuer, der ist bestenfalls äußerlich allein, aber nie innerlich.

Jeder Seher, jeder Prophet, jeder, der mehr sehen will, als der Alltagshorizont ihm offenbart, muß – wie die Vorbilder der Alten und die der Bibel – in die Einöde gehen, um mit sich allein zu sein. Dies ist das Gesetz, das befolgt werden muß: in Klausur mit sich leben. Da werden dann die Regenerationskräfte offenbar, die allein aus der eigenen Seele herauszuholen sind.

Diesen Mut muß der Suchende, muß die Suchende finden. Meist

IX. **Der Einsiedler**

wird dies heute über die Meditation versucht, aber im Grunde dreht sich diese um das Denken, um den guten Gedanken, während es bei der echten Klausur darum geht, auch das Böse in einem selbst zu erkennen. Jede Überlegung bezüglich Polarität und Dualismus führt zu der Erkenntnis, daß dem Guten das Böse gegenübersteht, ja daß das eine das andere ergänzt. Wer kann wissen, was gut ist, wenn er das Böse nicht kennt; wer kann ermessen, was schon böse oder noch gut ist? Sind die Triebe gut oder böse beziehungsweise wann sind sie gut, wann sind sie böse? Hier gibt es Überschneidungen, denn keineswegs ist immer gut, was lustlos vollzogen wird, obwohl es beispielsweise der Zeugung und der Empfängnis dient. Und was nicht der Fortpflanzung dient, kann durchaus lustvoll und erregend sein. Dies nur als ein Beispiel von vielen.

Wird Essen böse, wenn mehr gegessen wird, als der Körper benötigt oder wenn der Geschmack die Lust am Essen erhöht? Wann wird das Verlangen nach köstlicher Nahrung böse? Dann, wenn jemand, der hungert, nicht mitessen darf?

Wann ist der Einsatz magischer Kräfte oder von esoterischem Wissen schädlich? Etwa nur dann, wenn er in den dunklen Bereich der schwarzen Magie führt? Dies alles ist nie allgemein zu klären, da gibt es keine Norm, die für jeden zutrifft; das kann nur jeder für sich erfahren und erkennen.

Wir können folglich für die Deutung dieser Karte IX festhalten:
Der Blick nach innen;
die *Ein*sicht;
das Erkennen der eigenen Dämonen;
der Weg über die Einsamkeit;
die Askese.

Wie diese Hinweise verwirklicht werden, das ist jedermanns eigene Sache. Das kann auch über Träume erreicht werden, und sicher ist der Traumweg einer der brauchbaren Wege. Die alten Ägypter waren dafür bekannt, daß Träume bei ihnen eine große Rolle spielten, und die Pharaonen hatten immer Traumdeuter in ihrem Bereich, nicht nur, um die Zukunft richtig einzuschätzen, wie es laut Bibel der Traum von den sieben fetten und den sieben mageren Kühen besagt. Träume gelten als die Sprache der Seele, aber auch als die Sprache Gottes, die heute nur vergessen ist. Die Ägypter wußten um diese Sprachen, darum pflegten sie diese.

Der Uneingeweihte ist zunächst am Ende. Ab der folgenden Karte beginnt der Weg des Magiers, der nun seinen ersten Schritt macht. Aber der neunte Schritt des Uneingeweihten ist auch die dritte Stufe des Horusweges, dessen Entwicklung uns folgerichtig erscheint: Als Kind von der Pharaonin behütet (Karte III), zum Zweifler sich entwickelnd (Karte VI), um nun Sucher in sich selbst zu werden (Karte IX). Nach dieser Karte ist Harpokrates, das Kind Horus, zum Mann geworden. Alte Abbildungen zeigen Harpokrates als Kleinkind, das sich selbst mit dem Finger den Mund verschließt. Eine Geste, die besagt, daß nichts heraus darf, was nicht reif ist, herausgelassen zu werden. Darin liegt auch ein Geheimnis der Einweihung: Nicht zu früh über Dinge reden, die man zwar verstanden, aber noch nicht begriffen hat. Der Einsiedler hat diesen Reifepunkt jetzt erreicht, womit der erste Weg der insgesamt sieben Wege abgeschlossen ist.

Sphinx

Numerierung: X

Wandel des Stabes: Der Obelisk

Motto: Das Rad des Schicksals steht nie still.

Der erste Blick erfaßt ein Rad, das in zwölf Teile gegliedert ist und das somit an die Einteilung des Tierkreises erinnert. Das Rad dreht sich – wie der Tierkreis – und zwei Wesen scheinen an das Rad gekettet zu sein. Ein zähnefletschender Hund muß herab, ein Mensch – nackt und kahl – will hinauf. Dies bedeutet: Das Hündische muß in die Tiefe hinab, damit der Mensch, wenn auch nackt, aus der Tiefe neu geboren werden kann. Nackt steht für den Begriff, daß hier alles Belastende abgelegt ist, daß in der Unterwelt, die voller Schlangen ist, das Böse verbleibt, so daß der gute Geist mit dem Menschen aufsteigen kann. Unten blühen auch zehn Blumen, denn wir sind mit dieser zehnten Karte fast an der Mitte unseres Weges angekommen, anzeigend, daß jetzt die entscheidende Phase einsetzt. Dies wird auch dadurch deutlich, daß zum Vergleich von Entwicklungen die Karte I, der Magier, neben die nächsten zehn Karten gelegt werden muß. Aber soweit sind wir noch nicht.

Das Rad ist an einem Obelisk festgemacht, der ja auch das Vorbild für den Schattenanzeiger einer Sonnenuhr war. Auch der Schatten dreht sich vom Morgen zum Abend, als ob er an einem Rad befestigt sei. Der Obelisk ist voller heiliger Bilder, Hieroglyphen. Wir befinden uns bereits in einer sehr fortgeschrittenen Kulturepoche des alten Ägypten. Über allem hockt eine Sphinx, die männlich oder weiblich sein kann. Wir wissen, daß man in Ägypten eine männliche Sphinx kannte; in Griechenland dagegen waren die Sphingen fast alle weiblich.

Dabei ist das Geschlecht gar nicht so wesentlich, auch nicht, ob wir es mit einer Löwen-, einer Stier- oder Pferde- oder gar mit einer Schlangensphinx zu tun haben. Wichtig ist: Die Sphingen hatten stets ein Wächteramt übernommen. Was bewacht eine oder ein Sphinx? Immer etwas Heiliges, etwas Göttliches. Die Sphingen wachen über Verkündigung und Offenbarung, über Auf- und Abstieg. Und es wurden oft sogar Sphingenpaare eingesetzt, wenn es galt, Lebensbäume oder Sonnensymbole zu bewachen.

Unsere Sphinx bewacht den Auf- und Abstieg, äußerlich gesehen – aber der Abstieg hat hier zu einer Läuterung zu führen, und der Aufstieg muß zeigen, ob diese gelungen ist. Darüber wacht der oder die Sphinx. So wurden Sphingen immer an Orten aufgestellt, die als besonders heilig galten, denken wir etwa an die Sphinx von Giseh vor der Cheops- und der Chefren-Pyramide. Sphingen waren auch am Thron zu finden, aber ganz besonders bei Götterbildern.

In unserem Bildmotiv scheint die Sphinx sehr wissend zu sein, und sie schaut auch nicht grimmig, sondern eher freundlich, so als wolle sie den Menschen, der da hinaufzukommen versucht, wohlwollend begrüßen. Die Sphinx, die auch Rätsel aufgibt, wacht und steuert den Lauf der Einweihung; das ist ihre Funktion. Sie hält die Schlangen in Schach und versinnbildlicht somit auch die Polarität der hellen wie der dunklen Gottheiten, denn sie steht für den Sonnengott, die Schlangen jedoch für die Mondgottheiten. (Der Mond hatte immer mehr Gottheiten als die Sonne, sicher weil der Mond sich so wandelbar in seinen Formen zeigte.) Erst in Griechenland wird die Sphinx zum Vorboten und sogar Zeugen eines Todesgeschehens, wodurch sie später auch zum Grabwächter avancierte. In der Sphinx erkennen wir also im höheren Sinn das Symbol einer göttlichen Wachsamkeit, und sie symbolisiert auch das Wächteramt für den Eingang in die esoterische Welt der Geheimwissenschaften, damit nicht jeder hier rein- und rausspazieren kann.

Da diese Karte der erste Schritt des Magiers auf seinem Weg ist, legen wir das Bild des Magiers einmal daneben. Der Magier geht etwas leichtfertig, wie ein Zauberlehrling, mit den Symbolen der vier Elemente um. Nun begegnet er der Sphinx, erfährt etwas vom Auf und Ab einer Entwicklung, einer Reife. Der Magier, der noch ganz im Glanz des Sonnenvogels hantiert, muß mit ansehen, daß Menschen in die tiefe Schlangengrube müssen, um dann neugeboren aus dieser Grube aufzusteigen. Und dies nicht nur einmal, sondern stetig, so lange, bis das Hündische in ihnen völlig abgestorben und überwunden ist, bis der Suchende, der Magier, nicht mehr von hündischen Trieben beherrscht werden kann. Auch über diese

Sphinx

Erfahrungen wacht die Sphinx, die wie aus dem Himmel herabzuschauen scheint.

Das Schicksalsrad, das sich für jeden dreht, will auch deutlich machen, daß es auf das eigene Fortune ankommt, das jeder in sich finden muß; oder, im alt-ägyptischen Sinn: Jeder muß *sein* Lebensrätsel lösen, das ihm die Sphinx stellt. Und eine Nichtlösung heißt: hinab in die Schlangengrube, so lange, bis begriffen wurde, welcher Weg ab jetzt einzuschlagen ist. Bis jetzt waren alle Prüfungen eher geistiger Art, aber hier ist der gesamte Mensch gefordert, hier kann es auch um körperliche Strapazen gehen, da noch einmal die Dämonen nach einem greifen, was besonders die kennen, die von einer Sucht bedroht werden. Auch die Ägypter kannten die Gefahr der Süchtigkeit, und es kann auch die Süchtigkeit sein, alles zu früh erfahren zu wollen. Wer nach oben strebt, kann in die Gefahr geraten, daß das Nach-Oben-Streben nichts weiter wird als eine Sucht, die Einweihung im Eiltempo zu erreichen, so schnell wie möglich zur auserlesenen Elite zu gehören. Aber noch gefährlicher ist es, im falschen Moment zu viel zu wissen. Das ist eine der größten Gefahren, denen ein Mensch begegnen kann, weil er dieser Versuchung kaum widersteht.

So können wir für die Karte folgende Deutungsfaktoren festhalten:
Arbeit an sich selbst;
Mühe;
das Gerädertsein;
die Krise;
die Erkenntnis und die Belastung einer Versuchung;
Kraftanstrengung.

Dieser erste Schritt des Magiers bedeutet, daß nun magische Kräfte im Spiel sind, der Suchende also mehr als vorher mit dem Feuer spielen könnte. Das Feuer, womit das innere Feuer gemeint ist, muß nun beherrscht, aber gleichzeitig am Leben gehalten werden.

Wir befinden uns auf der vierten Stufe des Osirisweges, da die erste Stufe, der Magier, hier direkt mit einbezogen ist.

Der Weg führte weiter über den Pharao zum Osiriswagen, nun zur Sphinx. Das bedeutet, daß die Prüfungen immer schwerer werden, die der Weg des Osiris verlangt. Bisher ging es nur aufwärts, aber nun droht die Tiefe, denn das Rätsel der Sphinx verhindert den schnellen Aufstieg zu Osiris. Und jeder Ägypter – ob eingeweiht oder nicht – wollte zum Osiris werden; das war das höchste Ziel. Aber daß dieses Ziel nicht leicht erreichbar sein soll, dafür sorgt das Wächteramt der Sphinx. Insofern stellt dieses Blatt der großen Arkana die größte Krise auf dem Weg zur Einweihung dar: Auch wenn jemand meint, es geschafft zu haben – es ist nicht geschafft. Dieser Täuschung einer schnellen Karriere, eines schnellen Aufstieges, eines schnellen Erwerbs von Wissen und eines schnellen Begreifens der Esoterik und der Magie darf niemand erliegen. Dies ist die Krise, die jeder durchmacht, in der man sich fragt, ob nicht alles bisher vergeblich war. Erst nach Überwindung dieser Krise kann ein weiterer Aufstieg in Angriff genommen werden. Darin ähneln die Suchenden den Bergsteigern, die – haben sie einen Gipfel erreicht – immer noch einen höheren entdecken, den sie unbedingt auch noch erobern wollen.

Jetzt kommen wir zur Mitte der großen Arkana.

Die Kraft

Numerierung: XI

Wandel des Stabes: Der Führungsstab

Motto: Kraft ist die innere Stärke.

Der erste Blick erfaßt eine Frau, die fast tänzerisch auf einem starken Löwen steht, der sich an elf Blumen vorbei von rechts nach links bewegt. Zum ersten Mal – genau in der Mitte der großen Arkana – ist die Blickrichtung einer Karte völlig verändert. Schauten die göttlichen Figuren bisher die Betrachter gerade an, wandte sich der Suchende, der zur Einweihung Bereite, von links nach rechts, begegnen wir hier dem Gegenpol. Was heißt das?

Die Karte heißt »Die Kraft«. Nach dem Erleben, daß *alles* immer wieder erneuert werden muß, daß nichts ewigen Bestand hat, wächst – mit der inneren Annahme dieses Gesetzes der steten Bewegung – die Kraft, die auf innerer Stärke basiert. Nun, da sie ihm begegnet, vermag der Suchende dieser Kraft zu vertrauen. Die Frau auf dem Löwen kommt ihm entgegen. Friedlich, ja freundlich ist ihr Ausdruck. Ermunterung liegt in ihrem Blick. Der drohend lange Stab, den wir von der Hohepriesterin, vom Hohepriester und vom Einsiedler kennen, hat alles Drohende verloren. Er hat sich zum Führungsstab gewandelt. Ohne den Löwen zu berühren, lenkt ihn dieser Stab, was ausdrückt, daß es hier mehr um geistige Führung geht.

Der Löwe wurde immer als König der Wüste betitelt; er war das Symbol für die Sonne, da er diese bis zur äußersten Hitze vertrug und seine Mähne an die Sonnenstrahlen erinnerte. Dieser Löwe mit menschlichen Augen kommt dem Suchenden entgegen, will ihm seine Kraft zur Verfügung stellen, die auch von der ergänzenden Polarität der Frau ausgeht und den Suchenden zu weiteren Taten anregen soll.

Nicht ohne Grund wurde der oder die Sphinx meist mit einem Löwenhaupt, zumindest aber mit einem Löwenleib und Löwenpfoten dargestellt. Und der Löwe galt als die Kraft, die göttliche Schöpfertaten umzusetzen vermag.

Die Ägypter kannten auch Löwengottheiten. Da wäre insbesondere die Göttin Sechmet zu nennen, die als das zornige Auge des Gottes Re bezeichnet wurde. Sie galt als eine Göttin, die Unheil brachte, die den Tod verkündete, die Unglück und Seuchen in die Welt brachte, wenn der göttliche Wille nicht vollzogen wurde. Ja, sie drohte sogar mit der Vernichtung des Menschengeschlechtes. So verehrten die Ägypter zu allen Zeiten Löwen und Löwinnen als Gottheiten, fürchteten aber gleichzeitig deren Kraft und Gefährlichkeit.

Der Kopfschmuck der Pharaone erinnert an die Löwenmähne und zeigt, daß die Sonnenstrahlen verehrungswürdig sind. Außerdem wurde im alten Reich die Löwengöttin als göttliche Mutter des Pharao betrachtet.

Neben Sechmet (oder Sachmet, was die Mächtige heißt) wurde auch Bastet verehrt, die Katzengöttin, die aber durchaus löwenähnliche Züge trägt. Bastet wurde mit der Kuhgöttin Hathor in Verbindung gebracht. Bastet symbolisiert die friedliche Seite der Löwengottheit, wurde auch zur Katzengöttin, weil die Menschen in der Katze mehr das Friedliche sahen, obwohl diese Tiere unberechenbar sind, was von den Großkatzen, den Löwen, nicht behauptet werden kann.

Sechmet und Bastet traten auch als Schwesterngöttinnen auf; so symbolisierten sie einmal das Gefährliche, dann das Friedliche. Mit dem Löwenkult ging einher, daß die Katzen wie die Menschen nach ihrem Ableben mumifiziert wurden, wodurch große Katzenfriedhöfe entstanden, die heute noch zu besichtigen sind. Löwinnen und Löwen wurden ganz besonders als Begleiter des Gottes Re angesehen, und die Legende weiß »... daß Re die Löwen suchte, um ihre Stärke gegen die Feinde des Sonnengottes einzusetzen...«

Der Löwe auf Karte XI, von der Frau geführt, kommt also dem Suchenden von rechts nach links entgegen.

Legen wir nun den Magier dazu, der hier auf seinem Weg den zweiten Schritt setzt. Er hebt seinen Magierstab gleichfalls wie zur Begrüßung, und wir spüren etwas von einer feierlichen, aber insgesamt freundlichen Bewegung.

Der Magier, und damit der Uneingeweihte, der zum ersten Mal

XI. **Die Kraft**

die Augen geöffnet hat, wird mit Kraft erfüllt, womit innere Kraft gemeint ist. Jetzt erst bekommen seine Symbole der vier Elemente ihre Stärke: das Schwert, der Kelch, der Stab und das Gold.

Der Sonnenvogel schwebt in derselben Richtung, die die Frau auf dem Löwen eingeschlagen hat, während der Ibis-Vogel, der auf den Löwen zugeht, nun auf einmal ausdrücken möchte, daß mit der Zeit die Kraft wächst und steigt. Damit symbolisieren diese beiden Karten (Magier und Kraft nebeneinandergelegt) eine große Zuversicht und ein erfülltes Vertrauen, den richtigen Weg eingeschlagen zu haben. Angst ist durch innere Sicherheit überwunden, die Überzeugung ist gewonnen, daß innerer Stärke friedlich wirken kann, daß die größte Kraft, die man sich – symbolisiert durch den Löwen – vorzustellen vermag, durch leichte, weibliche, also einfühlende Kunst zu zähmen ist. Hier ist wahrlich ein Dressurakt gelungen, den die Menschen bisher (leider) immer vergeblich angestrebt haben, den wahrscheinlich nur Eingeweihte beherrschen, die auch in dieser Hinsicht ganz besonders geschult werden müssen, um Vorbild zu sein, wenn es gilt, mit Bestimmtheit Gefahren abzuwehren und Frieden zu bewahren. Kämpfe haben sich nach innen zu verlegen, jeder Kampf muß erst einmal ein Kampf mit sich selbst sein, dann werden alle anderen Kämpfe siegreich und ohne Gewaltanwendung bestanden. Der Suchende kann also seinen Weg mit innerer Sicherheit und tiefem Vertrauen fortsetzen.

Dies ergibt als Deutungsfolgerung für die Karte XI Stichworte wie:
Kraft;
Selbstvertrauen;
Beherrschung der Triebe;
Hochgefühl;
Gottvertrauen;
Sicherheit;
auf der Höhe sein.

Betrachten wir einmal die Bilder X und XI miteinander, so erlebt der Magier bereits das Auf und Ab, das uns in der Karte X von der Sphinx prophezeit wurde. Er wird aber ermahnt, nicht zu glauben, daß er es schon geschafft habe. Die Schritte des Magiers sind sprunghafter, was den inneren Ablauf betrifft. Bei jedem Fortschreiten werden automatisch höhere Ansprüche gestellt; jeder muß bereit sein, sich auf kompliziertere Situationen einzustellen, muß die Intuition schulen. Außerdem haben wir es hier mit der vierten Stufe des Isis-Weges zu tun.

Die vierte Stufe ist jeweils die Mitte (das gilt genauso für den Osiris- und den Horus-Weg). Die Karte XI ist die unumstrittene Mitte der großen Arkana, so daß wir es als bedeutsam ansehen können, daß sich diese mit der Mitte des Isis-Weges deckt.

Über die Hohepriesterin (Karte II), den Hohepriester (Karte V) und die Gewissenswaage (Karte VIII) sind wir der Isis auf ihrem Weg nun bis zur Karte XI, der »Kraft«, gefolgt. Dies unterstreicht eindeutig, daß es um die Kraft der Seele geht, um die innere – nicht sterbende – Stärke. Die Einweihung wird also nicht nur für ein irdisches Leben erworben, sondern sie ist Vor-Schulung für den weiteren Weg über die Wiederverkörperung in die ferneren Gefilde. Der irdische Mensch wird bedeutungslos; die Seele bereitet sich auf eine Welt vor, in der »beredsam« geschwiegen wird. »... auf daß ich eingehe in Dein Reich des Geistes, das mich *ewig* erleuchtet.«

Der Hängende

Numerierung: XII

Wandel des Stabes: Das Gerüst mit Schwert und Stab

Motto: Das Unten wie Oben in uns erleben.

Der erste Blick erfaßt einen Mann, der sich *freiwillig* zwischen ein Holzgerüst gehängt hat. Er lebt, und er scheint über seine Stellung nicht unglücklich zu sein. An den Attributen Schwert und Stab, an den herabfallenden Münzen wie an der Schale, in die die Münzen fallen, erkennen wir, daß es sich um den Magier, also den Suchenden handelt, der sich in diese etwas ungewöhnliche Stellung begeben hat. Auf den ersten Blick finden wir keine Blumen, erkennen aber dann, daß sich diese Blumen in die Goldstücke – oder umgekehrt – verwandelt haben.

Der Magier blickt zurück, scheint nun eine Besinnungspause auf seinem Weg einlegen zu wollen; aber er deutet damit auch an, daß er das Auf und Ab der Sphinxaufgabe verstanden hat. War er eben noch obenauf, so bringt er sich jetzt freiwillig in eine Lage, da er alles auch von unten betrachten kann. Dabei zeigt die Haltung seiner Beine an, daß er sich bewußt dieser Mühe unterzogen hat, um das Streben in sich zu unterstützen, da die Beine absichtlich ein Dreieck bilden. Die Hände sind übereinandergeschlagen, aber man spürt nichts von einem Krampf. Die alten Ägypter wußten schon, wie notwendig lebendiges, waches Denken ist und daß dazu die Voraussetzung ist, daß das Blut in den Kopf fließt, um das Gehirn zu beleben, um (sinnbildlich) blutloses, also abstraktes Denken zu vermeiden. Um dem Himmel nah zu sein, muß man die Erde tief in sich aufnehmen. Wer nach oben will, muß wissen, woher er kommt, wie es unten aussieht, da, wo die Wurzeln sind.

Der Hängende zeigt, daß er begriffen hat, was es heißt: »... unter einer Idee stehend...« Das besagt nichts anderes, als geistig verankert zu sein – und zwar für ewig. Ist dies der Fall, dann kommt es auf eine Haltung, auf eine körperliche Lage, auf eine Stellung in der Welt kaum mehr an, es sein denn, die Stellung in der Außenwelt wäre für die Uneingeweihten von Bedeutung, denn sie sollen ja aufmerksam werden. Wer aber eines Tages zu sich aufsehen läßt, der muß gelernt haben, in die Tiefe beziehungsweise nach unten zu schauen.

Das Gesetz der Umkehrung, der Ergänzung, wird wieder einmal deutlich, und dieses Gesetz durchzog auch die gesamte ägyptische Literatur. So ist etwa in Texten zu lesen: »... Bettler sind zu Herren von Schätzen geworden. Wer sich keine Sandalen machen konnte, ist jetzt begütert...« Oder: »... die Reichen sind in Trauer, die Armen in Freude... Gold, Lapislazuli sind an den Hals der Dienerinnen gehängt. Die Leiber der Edelfrauen kränken sich über die Lumpen, die sie tragen müssen...«

Da die Umkehrung aller Dinge als Gewißheit galt, war es natürlich, sich mit dieser Umkehrung frühzeitig zu befassen, ihrem Sinn zu vertrauen oder ihr gar zuvorzukommen. Eingeweihtsein heißt wissend sein, und der Wissende ist immer einen Schritt voraus.

Mit diesem Bild der Umkehrung beginnt ja die zweite Hälfte der großen Arkana, wenn wir die Karte XI als Mittelpol betrachten. Die zweite Hälfte ist aber zu Beginn immer mit einer Krise verbunden, was älteste Lebenserfahrung widerspiegelt, denn zu Beginn der zweiten Lebenshälfte zeigen sich die Lebenskrisen mit aller Deutlichkeit. Sie müssen sich zeigen, weil sonst die Entwicklung nicht weiterginge, denn Krise (aus der griechischen Herkunft abgeleitet) heißt nichts anderes als Entwicklung. So ist einer Krise nicht auszuweichen, sondern sie ist anzunehmen und sogar als Geschenk zu empfinden.

»... ich glaube, von den Göttern wissen alle gleich wenig...« heißt es einmal bei Herodot in seinen Historien. Gerade deswegen rangen die Strebenden nach einer Gotterkennung. Eines war ihnen jedoch gewiß, nämlich daß Gott in ihnen selbst wohnte, sie Gott also in sich entdecken mußten, weshalb sie – wie die Lichter am Himmel – in das Dunkle gingen. Und wie die Sonne sich in ihrem Lauf umkehrt, wenn sie ihren nördlichsten Punkt erreicht hat, so kehrten sich auch die Menschen um. Und nicht nur die Menschen. Diese erlebten – oft mit Schaudern –, daß mit der Nilflut zu Beginn des Sommers der fruchtbare Schlamm kam, daß damit die Wasser über ihre Ufer traten, was vielen Wesen – ob Mensch oder Tier –

XII. **Der Hängende**

das Leben kostete. Dann aber kam die Zeit, da die Wasser zurücktraten, ganz in den Boden versickerten, so daß das Land am Nil eine Wüste wurde, die die Unfruchtbarkeit des Landes in den Winter- und Frühlingsmonaten noch unterstrich. Und der Nil, das war sicherer Wissensglaube, kam aus dem Himmel, denn die Erscheinung, die wir heute als Milchstraße ansprechen, wurde von den Ägyptern der himmlische Nil genannt, aus dem der weltliche Nil entsprang.

Wenn sich aber die Wasser umkehrten, wenn mal Trockenheit, dann Überflutung regierte, war dies ein weiterer Hinweis auf die Umkehrung, die auch auf den Tag und die Nacht, auf das Leben und den Tod bezogen wurde. Und die Karte des Todes schließt sich an unsere Karte XII ja direkt an.

Das tiefere Verstehen dieser Karte wird uns erleichtert, wenn wir die Karte des Magiers, der ja hier seinen zweiten Schritt, den der Umkehrung, macht, daneben legen. Wir sehen die gleichen Requisiten, nur daß sich der Hängende von allem Nichtnotwendigen befreit hat, selbst von der Lemniskate. Seine Hände bilden aber diese nach, indem die rechte Hand nach links, die linke nach rechts zeigt und sich die Handgelenke als Kreuzungspunkt vereinen. Damit ahmen die Arme und Hände das ewige Symbol des Lebens nach – das der Schlange.

Über dem Gerüst sehen wir Sonne und Mond, die sich anschauen und im Gegenüber ergänzen. Der Hängende hat sich also beiden Gestirnen zu Ehren in diese »Opfer-Stellung« begeben. Diese Haltung ist sicher ein Opfer wie viele betende Stellungen, aber es ist kein Opfer, das gebracht wird, weil gesündigt worden ist. Der Hängende versinnbildlicht also nicht – wie in modernen Tarotspielen oft angegeben – eine Strafe; im Gegenteil!

Wir können uns folgende Deutungsfaktoren merken:
Die Umkehr;
der Umsturz;
die neue Erkenntnis;
der Wechsel;
das »oben wie unten«;
die Wandlung des Magiers.

Dieser dritte Schritt des Magiers ist zugleich die vierte Stufe des Horus-Weges.

Der Horus-Weg zeigt sehr deutlich das menschliche Streben an. Als Kind wird er beschützt, noch Harpokrates genannt (Karte III). Als Mann zweifelt er und sucht seine Gedanken zu ordnen (Karte VI). Als Einsiedler blickt er tief in sich hinein (Karte IX), um sich als Opferbringer (Karte XII) ein neues ergänzendes Bild des Oben und Unten zu machen. Auch hier auf der mittleren – weil vierten – Stufe dieses Weges kommen wir zum entscheidenden Wandel.

Eines ist für das Verständnis der Umkehr noch wichtig. Die Lebenden lebten nie ohne die Verstorbenen. Immer wieder wurde mit ihnen der Kontakt aufgenommen, vor allem wurden viele Bitten an sie gerichtet. Die Lebenden wußten auch: Wer sich nicht um die Toten kümmert, der verspielt die eigene Wiederverkörperung. Alles wurde folglich in einem großen Kreislauf gesehen, so wie es die Gestirne und die Natur offenbarten. »Um die Wirkung der Gestirne zu erkennen, brauche ich mir nur den fruchtbaren oder unfruchtbaren Boden zu betrachten.« Diese Urerfahrung war ein entscheidender Hinweis für das Verstehen des Weltenablaufes, und dieser Urerfahrung geht unser Hängender nach, um sich so mit dem Tod (nächste Karte) auseinanderzusetzen.

Die Schwelle

Numerierung: XIII

Wandel des Stabes: Die Schwelle

Motto: Tod ist Leben – Leben ist Tod.

Der erste Blick erfaßt die Todes-Skorpiongöttin Selket mit ihrem Symboltier (heute würden wir von einem Wappentier sprechen) auf dem Haupte. Ihre Arme sind weit auseinandergebreitet. Diese Geste besagt, daß sie in ihr Reich – hinter der Schwelle – einlädt. Dort erkennen wir heilige Bilder (Hieroglyphen) und zwei Köpfe Verstorbener, die mit leeren, aber sehenden Augen auf ihre Schutzherrin schauen. Selket (auch griechisch Selkis) nimmt sich der Toten an, und zwar als Hüterin des Lebens. Sie öffnet die Tür ihrer Schwelle sowohl für die, die hinein, wie für die, die hinaus wollen. So heißt es im ägyptischen Totenbuch: »... Höret – Höret: Die Riegel der mächtigen Pforte werden geschoben – überschreiten nun darf ich die heilige Schwelle.«

Diese Schwelle gab dieser Karte auch den Namen. Später wurde die Karte XIII der großen Arkana nur noch mit dem Begriff *Tod* identifiziert. Aber wie wir heute diesen Begriff im allgemeinen verstehen, nämlich als etwas Endgültiges, so wurde dieser Begriff einst nicht verstanden. Der Tod stellte früher nur einen sehnsuchtsvoll erwarteten Übergang dar. Zwar war es verboten, sich selbst das Leben zu nehmen – denn jeder hat zu seiner Zeit mit seinen Erfahrungen die Schwelle zu überschreiten –, aber keinem Alt-Ägypter wäre es in den Sinn gekommen, zu meinen, daß der Tod ein absolutes Ende wäre. Zwar sahen die Ägypter auch, daß aus den Mumien selbst kein neues Leben zu erwarten war, aber sie wußten, daß das Ka überlebt, weswegen man in den Gräbern und den Pyramiden Luftschächte einbaute, damit das Ka durch sie entweichen konnte.

Die Mumien wurden jedoch (bis auf die Grabräuber) stets respektiert, denn im alten Ägypten hieß es auch: »Doch rühret niemals an den Schlaf der Welt.«

Dies unterstreicht den Glauben, daß es den Göttern vorbehalten blieb, die Körper zum Leben zu erwecken. Für die Nachkommen galt nur die Pflicht, die Toten einzubalsamieren, damit sie für die Unvergänglichkeit gerüstet waren. Den heutigen Menschen muß klar sein, daß die Ägypter den Tod nicht überwanden, sondern daß sie ihn zutiefst als eine notwendige Funktion im Weltganzen empfanden: »... nur der Tod kann den Alterungsprozeß, dem alles Sein unterworfen ist, umkehren.«

Auch hier begegnen wir dem Begriff der Umkehrung, der so entscheidend ist. Da die Nacht im Süden fast so lang ist wie der Tag oder umgekehrt (je nach Sonnenstand), wurde auch der Gang durch das Dunkle als Gang durch das Reich der zwölf Stunden dargestellt, denn die Nacht, das Dunkle, war voller Leben. Und so recken sich hier die dreizehn Blumen dem Reich der Selket entgegen, da sie als Lebewesen der Natur zu wissen scheinen, daß diese Dunkelheit sie nicht zum Verblühen bringt. Dieser Hinweis auf die Wesen der Natur erscheint deswegen wichtig, weil jeder Jenseitsglaube aus der Beobachtung der Natur entstand, wo ja auch ständig alles wiederkommt.

Die Göttin Selket war mit »... in der Natur geboren«. Ursprünglich war sie nämlich eine Göttin, die als Wasserskorpion erschien, der man die Fähigkeit zusprach, Reptilienstiche zu heilen. So brachte sie schon damals Gestorbenes zur Wiedergeburt. Wer aber auf der Erde heilen kann, so daß der Tod überwunden wird, der wird erst recht im Jenseits diese Werke vollbringen. Damit verliert der Tod seinen Schrecken. Als leidvoll wurde das Sterben angesehen, das Leiden vor der Schwelle, das nicht abgekürzt werden durfte, wenn die Zeit nicht erfüllt war, die Thot, der Gott der Zeit, für jeden gesetzt hat.

Sterben ist eine Aufgabe, die mit Würde zu geschehen hat. Das lassen auch die beiden Köpfe im Totenreich erkennen. Mag auch die Sonne untergehen, sie geht mit Sicherheit wieder auf; mag der Mond sich verdunkeln, er wird als Sichel neu geboren und zum Vollmond werden.

Die Karte sagt: Wer eingeweiht werden will, muß an das Jenseits der Schwelle glauben; er darf den leibhaftigen Tod nicht fürchten, sondern der Geist muß weit hinaus in die ferneren, kosmischen Gefilde ausgerichtet sein, da die Seelen zu Sternen werden, bezie-

XIII. Die Schwelle

hungsweise die Sterne den Seelen ein Heim bieten, bis sie sich entschließen sich mittels eines anderen Körpers, eines anderen Geistes weiterzuentwickeln.

So ist es auch kein Wunder, daß die Toten oft besser ruhten als zu Lebzeiten, oder daß heute auf den ausgedehnten Friedhöfen von Kairo die Lebenden unter den Toten wohnen.

Das Totenreich war den Ägyptern die Wirklichkeit, das Diesseits dagegen nur eine vergehende Welt der Illusionen. Hier liegt das Geheimnis, zu dem die Menschen unserer Zeit so schwer ihren Zugang finden.

Auf unserem Bild liegt vom Betrachter aus gesehen die Zukunft rechts (wie bei allen Kartenspielen übrigens). Links liegt das Vergangene. Dies ist uralte ägyptische Weisheit, denn »... wenn einem Menschen ins *linke* Ohr der Tod gehaucht wurde, hatte er unweigerlich den Schritt durch die Pforte des Sterbens zu tun...« wo die Seele zurückfinden konnte in ihren alten nun wieder funktionstüchtigen Körper. Diese Grundgedanken von Leben und Sterben, von Geburt und Tod haben sich im Grunde nie gewandelt, bestenfalls einige Elemente des Totenkultes.

Und ganz verstehen wir diese Karte in ihrer Tiefe, wenn wir den Magier danebenlegen, um so seinen vierten Schritt zu betrachten. Der Magier scheint schnurgerade in die Kammer der Toten zu wollen, um die Schwelle zu überschreiten. Es scheint, als hätte er nichts anderes ersehnt. Doch wir werden sehen, daß der Weg zwar über diese Schwelle, aber durchaus weiterführt.

Dies sind die Deutungsfaktoren, die diese Karte uns vermittelt:
Das Ende einer Entwicklung;
der Abschluß als Neuanfang;
das Ende einer Täuschung (was sich heute im Wort Enttäuschung manifestiert hat);
der Mut, sich dem Kreislauf des Lebens einzufügen;
der Stolz auf das Vollbrachte, das jetzt belohnt wird;
der Einsatz bis zum Ende im Diesseits;
der Gang in das Jenseits;
die Fahrt über das große Himmelsmeer.

Die Todesgöttin blickt übrigens zukunftsweisend nach rechts. Wichtig ist ihr Blick zur Seite, denn der Tod soll nicht (wie auf vielen leider falschverstandenen Karten XIII anderer Tarotspiele) grausam ausschauen, denn der Tod ist letztlich nichts anderes als der Wegweiser in die Zukunft.

Mit dem vierten Schritt des Magiers haben wir nun die fünfte Stufe des Osiris-Weges erreicht. Gerade Osiris lebte diesen Übergang vor, nachdem er von seinem Bruder Seth getötet und zerstückelt worden war. Seine Selket war Isis, die die in alle Winde verwehten Teile des toten Osiris sammelte, zusammensetzte und von dem Toten, wie aus einer anderen Welt, Horus empfing, dem sie dann das Licht der Welt schenkte. Der Weg des Osiris führt also zurück in die eigene Erfahrung, die ja nur Beispiel ist, wie alles Göttliche beispielgebend sein soll. Die Menschen, die dies begriffen haben, sind auf dem Weg der Einweihung schon weit fortgeschritten; sie haben etwas erfaßt von dem, was sie erwartet. Und das hängt von dem ab, was sie in der »vergangenen« Welt geleistet haben. Nun tritt der Suchende, der Magier, vor die Große Gottheit, die ihn das Maß aller Dinge lehrt.

Die zwei Urnen

Numerierung: XIV

Wandel des Stabes: Der Ewigkeits-Strahl

Motto: Das Maß ist das Maß.

Der erste Blick erfaßt eine riesige Statue, die aber seltsam belebt erscheint. Im Hintergrund ein Teil des Sternenhimmels, auf der anderen Seite ein Gestirn, das sowohl Sonne wie Mond sein kann. Von der Erde sehen Sonne und Mond in etwa gleich groß aus (gemessen am Vollmond), obwohl der Mond viel kleiner ist. Aber die Nähe des Mondes zur Erde gleicht das Größenverhältnis aus. Der Durchmesser der Sonne ist vierhundertmal größer als der des Mondes, aber dafür steht der Mond der Erde vierhundertmal näher als die Sonne. So erscheinen beide gleichgroß. Dieses Maß ist in etwa grundsätzlich auf Gottheit und Mensch zu übertragen, wobei es hier *nicht* auf das Maß von vierhundertmal ankommt, das nur ein sinnbildlicher Vergleich ist.

Hinter der riesigen Gottstatue zieht gerade die Milchstraße vorbei, und vor der Statue steht – unverhältnismäßig kleiner – der Suchende, der sich auf dem Weg zur Einweihung befindet. Nachdem er das Erlebnis der Schwelle hinter sich hat, schaut er zum ersten Mal im Gleichklang mit der Gottheit geradeaus, den Betrachtern ins Gesicht.

Seite der Karte XII »Der Hängende« scheint der Suchende auch äußerlich einfacher aufzutreten. Die Kleidung ist auf ein Minimum reduziert; es kommt auf die *Ver*-Kleidung nicht mehr an. Mit welcher Gottheit wir es hier zu tun haben, ist unwichtig. Wer das Gesicht genauer betrachtet, wird feststellen, daß hier mehrere, zumindest zwei Gottheiten zu erschauen sind, da das Dunkle sich mit dem Hellen ergänzt. Für jede dieser zwei Gottheiten strebt eine Blume mit je sieben Blüten zum Himmel, wie auch aus der großen Urne *zwei* Strahlen in die kleinere Urne gegossen werden. Es kann sich um das heilige Wasser handeln, von dem kein Tropfen verloren geht, oder um einen Licht- beziehungsweise einen anderen geistigen

Strahl. Auf jeden Fall handelt es sich um eine Gabe der Götter, die für den Menschen befruchtend wirkt. Diese Gabe wird nur den Menschen zuteil, die das rechte Maß für sich gefunden haben. Dies ist mit die schwerste Aufgabe, die es im Leben zu lösen gilt, aber wer sie für sich löst, der wird weder unter Minderwertigkeitskomplexen leiden, noch in die Gefahr geraten, dem Hochmut zu erliegen.

Dieses Maß ist jetzt nicht die Polarität, die schon des öfteren angesprochen wurde, sondern es geht um das richtige Abschätzen der Verhältnisse, denn Himmel ist nicht gleich Erde, Mensch nicht gleich Gott, Diener nicht gleich Herrscher; oder, wie es die Griechen wußten: Das, was dem Jupiter erlaubt ist, ist noch lange nicht dem Ochsen erlaubt. Anfänger ist nicht gleich Lehrer, Uneingeweihte nicht gleich Eingeweihte, obwohl der eine zum anderen werden kann. Mit einer Ausnahme: Der Mensch kann nie Gott gleich werden, er kann sich nur bemühen, Gott nahe zu sein, um von seinem Segen zu erhalten.

Auf dieser Einweihungsphase muß also gelernt werden, daß es zwar ergänzende Gegensätze gibt, aber auch Gegensätze, die im Wert nicht gleich sind. Innerhalb dieser Pole muß jeder sein Maß für sich finden, was eine intensive Selbstbefragung und Selbstkritik verlangt. Aber ohne diese kann man kein Vorbild und schon gar nicht ein Eingeweihter werden. Reden und Schweigen sind polare Gegensätze, aber Reden und Schweigen kann in sich – vom Wert her – unterschiedlich sein. Antwort und Frage sind Ergänzungen, was aber noch nichts über den Gehalt einer Frage oder einer Antwort aussagt. Vorsicht ist noch keine Feigheit, kann aber dazu führen; doch Vorsicht kann auch mutig sein. Die Alchemisten – und die gab es ja schon bei den alten Ägyptern – mußten mit allen Konsequenzen lernen, daß Blei nicht gleich Blei ist, genausowenig wie Gold gleich Gold sein muß.

Eingeweihte sowie alle diejenigen, die urteilen, richten oder führen wollen, müssen lernen zu differenzieren, das richtige Maß zum richtigen Zeitpunkt für die vorgegebene Sache oder Lage zu finden, wobei es nicht um Gut oder Böse geht, denn die Gewissenswaage liegt hinter uns. Es geht darum, das richtige Maß zu finden, um Maßstäbe zu setzen.

Das Urmaß, nämlich das Messen von Zeit und Rhythmen, gab

XIV. Die zwei Urnen

uns der Himmel, worauf die ganze Sternenkunde – nicht die Astronomie – beruht, denn mit diesem Himmelsmaß sind Menschen erfaßbar, ja meßbar geworden. Dies gilt aber nur für die Grundveranlagung – nicht für die Entwicklung. Dieses Maß muß jeder für sich selbst setzen, und danach wird er dann eines Tages beurteilt. Und dieses Maß muß auch stimmen für sein persönliches Verhältnis von Anspruch und Leistung, von Wollen und Tun, von Wünschen und Geben. Wer beispielsweise über andere urteilt, muß erst einmal offenlegen, welches Maß er sich selbst in punkto Selbstbeurteilung gesetzt hat, ehe er sich an andere mit seiner Meinung heranwagt. Sucht er nicht das Maß in sich, setzt er sich nicht selbst einem höheren Maßstab aus, muß er zu einer Vor-Verurteilung, also zu einem Vorurteil kommen. Daher ist die Selbstbemessung das Maß schlechthin, an dem andere uns messen dürfen, ehe wir die anderen messen. Dies ist uralte Götterlehre, die sich durch alle Religionen hinzieht, die aber ganz besonders in den Tempeln der Ägypter gelehrt wurde.

Das Sinnbild (äußerer Art) für das vollkommene Maß gibt etwa die Cheopspyramide an, die von den Maßstäben her nicht zu übertreffen ist. Nach dem Menschen-Maß sollte dieses Bauwerk für die Ewigkeit errichtet werden. Dieser Maßstab hat sich vom menschlichen Gesichtspunkt aus zur Zeit der Erbauer erfüllt, aber für die Götter sind 5000 Jahre vielleicht nur ein Atemzug. Wer weiß? Dieses göttliche Maß kennen wir nicht, auch nicht das Maß der zwei Urnen dieses fünfzehnten Schrittes des Magiers. Doch die Urnen lassen ahnen, daß (der Volksmund spricht es aus) die Götter uns verlassen, wenn das Maß voll ist. Darum geht es.

Legen wir den Magier neben diese Karte, erschauen wir mit einem Blick, wie klein der Magier geworden ist – und wie erhaben zugleich. Gott gibt nicht, um zu nehmen, aber die Menschen haben zu geben, wenn sie etwas bekommen wollen – auch das ist ein Maß.

Damit zu den Deutungsfaktoren dieser Karte:
Innere Gerechtigkeit;
Erkennen der eigenen Möglichkeiten;
das Maß für sich in dieser Welt;

die innere Balance;
die Harmonie mit der Welt;
die Liebe im Glauben;
die Anerkennung der Unterschiede.

Wir haben auch die fünfte Stufe des Isisweges erreicht, auf der das Verhältnis der zwei Urnen große Wichtigkeit haben sollte, denn – wie alle beliebten Göttinnen – wurde auch Isis von den Gläubigen vereinnahmt, man kann sagen vermenschlicht. Wir kennen das, da wir den Namen der Gottesmutter Maria so oft als Vornamen (für Frau und Mann) gebrauchten, so daß die Göttlichkeit dieses Namens verlorenging.

Obwohl die Kinder zunächst im Namen der Gottesmutter getauft wurden, hatte man das Maß außer acht gelassen. So wie bei uns scheint dies in Ägypten nicht der Fall gewesen zu sein, aber unzählige Pharaoninnen oder andere führende Herrschertöchter legten ihren Staatsgöttinnen, als deren Vertreterinnen sie sich fühlten, den Namen der Isis als Beiwort zu. Und dies gilt für alle Gottheiten im alten Ägypten. Der Zerfall des Glaubens hatte eingesetzt, obwohl den einfachen Gläubigen das kaum bewußt gewesen sein dürfte.

Doch was hilft es, wenn das Maß der zwei Urnen nicht erkannt oder vergessen wurde? Wie sich dies auswirkt, wird bei der folgenden Karte klar.

Dämon

Numerierung: XV

Wandel des Stabes: Die Fackel

Motto: Suche als Sucht wird zur Versuchung.

Der erste Blick erfaßt eine Tier-Menschgestalt mit dem stilisierten Hundegott Seth, der als Bösewicht in die altägyptische Mythologie eingegangen ist, weil er seinen Bruder Osiris überlistet, getötet und zerstückelt hat. Seth wurde so zum großen Gegenspieler des Osiris, wie der Teufel oder der Satan zum Gegenspieler des christlichen Gottes wurde. Beide aber, Seth wie der Teufel (den die Ägypter übrigens nicht kannten, weswegen die Karte auch »Dämon« heißt), waren einst auch Götter mit dem Auftrag, Lichtbringer für die Menschen zu sein. Der Lichtbringer Luzifer versuchte die Menschen zu verführen, indem er ihnen einredete: Wenn Ihr mein Licht annehmt, dann seid Ihr gottähnlich. Das war seine Sünde. Seth dagegen gönnte Osiris nicht, daß er das Licht bringe; er meinte, er sei der wahre Lichtbringer. Dies war gar nicht einmal so unberechtigt, denn sein Stern, der Hundsstern, geht zu Beginn des Sommers, wenn die Nilflut- und schwemme kam, kurz vor der Sonne, also vor dem Licht auf. Dieser Hundsstern war der Stern, nach dem sich der gesamte ägyptische Kalender ausrichtete. Dieser Stern im Sternbild des großen Hundes war der des Gottes Seth. Seth war der Lichtverkünder, aber nicht das Licht, nicht die Sonne. Diese Tatsache konnte er – laut der ägyptischen Mythologie – nie verwinden. Er wollte der erste aller Götter sein und mußte dazu seinen Bruder Osiris ausschalten, was ihm ohne das Eingreifen von Isis auch gelungen wäre. Durch diese Tat verzerrte sich sein Bild bis hin zum teuflisch-häßlichen Dämon, der alle Tribute des Bösen in sich vereinigt. Doch die Stärke Seths als Gegenspieler durfte nie unterschätzt werden.

Die Kraft des Dämons offenbart sich in den Verheißungen und Lockungen, die er verspricht, die er suchenden Menschen vorgaukelt, etwa die Kraft, sich selbst an die Stelle einer Gottheit zu setzen oder den Nichtsuchenden das Paradies auf Erden zu verheißen, in dem sie ihre Sinne ausleben sollten.

Dies wird auch auf diesem Bild deutlich. Der Suchende ist hier nicht abgebildet, sondern gleichnishaft ein Mann und eine Frau. Der Mann und die Frau befinden sich in den Klauen des Dämons. Sie scheinen aneinander gefesselt zu sein, sie kommen nicht voneinander los. Die Blumen wachsen deutlich über ihren Leibern, sie haben sich nur ihrer Triebnatur ergeben und werden von einer Schlange bewacht und angestachelt, die aus dem Gürtel des Dämons hervorkommt. Dieser wendet den beiden keinen Blick zu, denn ihm geht es ja um die Suchenden, die er in Wahrheit versuchen will. Denen verspricht er das Licht des Himmels, das er mit seiner Fackel direkt von der Sonne holt. Dadurch weist er jedoch den Suchenden ihren Weg in die Zukunft (nach rechts vom Betrachter aus), so daß er auch als Geist, der das Böse will, aber das Gute schafft, angesprochen werden kann.

Der Dämon ist auf seinem Weg, er will zeigen, was sein Licht vermag. Seth beispielsweise wußte, daß die Götterfamilie zusammenhalten muß. So schützte er den Sonnengott, als der von einer Sonnenbarke aus (Mondsichel) mit der Lanze die Unterweltschlange Apophis erstach.

So kommt auch auf dieser Station die großartige Mythologie der Ägypter zum Ausdruck, die weder ausgesprochen Böses noch ewig Gutes kennt. Es muß immer gerungen werden, um zu bewahren, was ist und um jede Entwicklung zum höherem Wesen möglich zu machen. Besonders gefährlich ist der Dämon für die, die ohne Geduld etwas suchen und ihre Haltung verlieren, wenn sie das Gesuchte nicht schnell finden und für sich vereinnahmen können. Darum geht es bei dieser Phase des Einweihungsweges, da uns das zwiespältig Böse im Dämon begegnet.

Im Dienste des Seth nimmt er immer wieder den Kampf gegen Osiris auf. Da er diesem selbst nichts antun kann, versucht er diejenigen, die zu Osiris wollen, an diesem Weg zu hindern, ihnen Fallen zu stellen oder sie gar gegen Osiris aufzubringen. Eine besondere Spezialität – wenn wir dies einmal so nennen wollen – besaß der Dämon insofern, da er meinte, alle Magier dazu bringen zu können, die Gottheiten zu zwingen, ihm zu Gefallen zu handeln. Mit dieser Verheißung brachte er viele Suchende in Versuchung, das schneller

XV. Dämon

zu finden, was sie erstrebten. Er verfügte über Tricks und Zauberkräfte, um Beispiele für seine magischen Fähigkeiten zu geben. Hier lag das wirklich Dämonische der Verführung, der sich viele Suchende nicht entziehen konnten.

Dieser sechste Schritt des Magiers ist zu vertiefen, wenn wir die Karte I danebenlegen. Wir sehen deutlich, daß der Magier Spaß an seinen magischen Instrumenten hat, und es kann durchaus sein, daß er ungeduldig ist, diese Instrumente zu gebrauchen. Hier setzen die Dämonen – wer auch immer – an, um ihre Mächte auszuspielen. Der Ibisvogel auf der Karte I mahnt zwar dazu Zeit zu haben, aber wie gerne werden Mahnungen, die leise geäußert werden, überhört, wenn der Sonnenvogel lockt, der über dem Stern fliegt, der dem Magier so verheißungsvoll erscheint. Der Magier ist, wie alle Suchenden, durchaus anfällig, wenn man ihm eine schnelle Erfüllung seiner Wünsche in Aussicht stellt. Diese Gefahr ist eminent und größer als die Gefahr, die von den sinnlichen Begierden ausgeht, obwohl auch darüber schon viele gestolpert sind, die sich auf den Weg der Einweihung gemacht haben. Worum es geht, ist der Blickpunkt der Weit- beziehungsweise Kurzsichtigkeit. Das Paar, das der Dämon in seiner Gewalt hat, schaut nicht über den Partner hinaus, es ist kurzsichtig, genauso wie derjenige, der schnell ans Endziel zu kommen meint. Letzteres erscheint gefährlicher, weil der Sinnenrausch schnell verfliegen kann, während die Abkehr vom eigentlichen Ziel das Ende für die bedeutet, die sich auf den Weg zur höheren Erkenntnis gemacht haben; denn ihnen ist es auferlegt, dem Dämon nicht zu verfallen. Wie alle Propheten, Seher und Asketen in Versuchung geraten, so müssen auch die Suchenden, die sich auf den Weg zur Einweihung gemacht haben, den Dämonen nicht nur ausweichen, sondern ihren Künsten mutig widerstehen.

Daraus ergeben sich folgende Deutungsfaktoren:
Der Trieb;
die Lust;
die Versuchung;
die Ungeduld;
die Gottähnlichkeit als Anspruch;
die schwarze Magie;

die Ausschweifung;
der Gegengott;
das Revolutionäre.

Die Karte XV stellt gleichzeitig die fünfte Stufe des Horus-Weges dar.

Der Horus-Weg versinnbildlicht von den drei Gott-Wegen, die wir bisher behandelt haben, den menschlichsten Weg. Denn hier wird der Anfälligkeitsgrad für menschliche Begierden geprüft und festgestellt, ob es sich um schnelle Lustbefriedigung handelt oder um das Streben nach Gottähnlichkeit. Den Dämon, dem wir hier begegnen, müssen wir nicht außen suchen, der lebt in uns, der ist mit uns zur Welt gekommen, ist mit uns gewachsen. Darum geht es ja der Seele: irgendwann diesen Dämon zu überwinden. Hier ist der Mensch auf sich allein gestellt. Da gibt es keine göttliche Hilfe. Die Gottheit erwartet, daß der Mensch dieses Werk selber leistet. Ist dies begriffen, können wir uns der nächsten Karte zuwenden.

Der Turm

Numerierung:	XVI
Wandel des Stabes:	Der Blitz
Motto:	Stillstand wäre schon das Ende.

Der erste Blick erfaßt einen fürchterlichen Blitz, der aus einem Udjat-Auge (Auge Gottes) geschleudert wird und in ein großes Gebäude einschlägt. Bei dem Gebäude handelt es sich um einen Eingang zu einem Tempel, um einen Pylon. Aus diesem Pylon werden zwei Menschen geschleudert, die kopfüber herabfallen, dabei ihre Masken, die sie sich vor das Gesicht gehängt hatten, verlierend. Ein Sturm ist aufgekommen, was an den je acht Blumen auf den beiden Seiten deutlich wird. Der Pylon birst.

Das Udjat-Auge war ein Symbol für den Himmelsgott Horus, der damit die Menschen stets im Visier hatte. Dieses Udjat-Auge wurde von den Menschen als ein göttliches Zeichen verstanden, wurde damit zu einem beliebten Amulett, das dem des Skarabäus kaum nachstand. »Das Auge des Horus« wurde für sehr wachsam gehalten. Ein Auge stellte immer die Sonne, eines den Mond dar. Wenn die Sonne, die alles an den Tag brachte, nun bemerkte, daß etwas auf der Erde sich nicht nach dem Gefallen der Götter entwickelte, wurden Blitze heruntergesandt, um die Menschen zu mahnen, gegebenenfalls zu strafen. Blitze waren nach den Vorstellungen der Primitiven gebündelte Sonnenstrahlen, die in der Schmiede des Himmels, wenn dieser sich verdunkelte, zusammengeschweißt wurden, um dann auf die Erde geschleudert zu werden. Gewitter entstehen rund ums Mittelmeer oft sehr schnell, so daß die Menschen immer wieder überrascht werden. Daher wurden Blitz und Donner als erschreckend, ja fürchterlich empfunden und als Strafe der Götter aufgefaßt.

Nach den seelischen und medizinischen Erfahrungen (und auf beiden Gebieten waren die Ägypter Meister) schützte das, was einen bedrohte. So wurde das Auge des Horus, welches dieser im Kampf gegen Seth verloren hatte, nicht nur als Amulett getragen, sondern es zierte vor allem die Särge, die Scheintüren in den Gräbern, und es wurde auf jedem Pektoral oder Armschmuck getragen. Es war übrigens der Gott Thot, der Herr über die Zeit, der das verlorengegangene Auge dem Horus wieder einsetzte. Mag sein, daß auch von dorther die heutige Weisheit des Volkes kommt, die besagt, daß die Zeit alle Wunden heile. Diese Udjat-Augen wurden auf Särgen angebracht, weil die Überzeugung herrschte, daß die Toten durch diese Augen hindurchschauen könnten, um die Außenwelt zu sehen und zu beobachten, wie sich die eigenen Angehörigen um die Toten kümmerten. Da sie sich bereits im Himmelsbereich befanden, konnten die Toten – ähnlich wie die Götter – strafen.

Sicher vor Strafe fühlten sich die Menschen im Tempel. So verschanzten sie sich oft hinter dem ersten Pylon. Ins Allerheiligste durften ja nur die höchsten Priester. Hinter dem Pylon folgte meist ein großer Hof mit Gottstatuen und Säulenhallen. Hier konnte man sich aufhalten. Der Pylon auf unserer Karte ist jedoch nur ein Symbol; er soll ausdrücken, daß sich die Menschen, nachdem sie in sich den Dämon überwunden hatten, in ihren eigenen Tempel zurückzogen.

Aber der Kampf ist sehr anstrengend und ermüdend, so daß die Menschen das Bedürfnis nach Ruhe haben und meinen, nun genügend erreicht zu haben. Dies muß zu einer inneren Verkrustung führen. Nichts ist nun falscher als stehenzubleiben, einzuhalten, zu rasten, was zum Rosten führt. Deswegen senden die Gottheiten Blitze, um die Menschen anzuspornen, um ihnen die Masken vom Gesicht zu reißen, um ihnen den sicheren Hort, in dem sie sich verschanzt haben, zu nehmen, damit der Weg – notgedrungen vielleicht – fortgesetzt werden kann. Hier greift die Gottheit aktiv in den Weg zur Einweihung ein, um die soweit Vorgedrungenen zu sich zu führen.

Auf die Hilfe der Gottheiten ist zu hoffen. Das heißt aber nicht, daß die Götter uns Wohltaten zukommen lassen, daß sie unsere Versäumnisse noch belohnen! Im Gegenteil: Wohltaten können durchaus Strafen sein, da die meisten von uns nur auf Schicksalsschläge reagieren, die von ihnen etwas abverlangen. Die Griechen haben dies noch klarer ausgedrückt, da ihre oberste Gottheit, Zeus, die Ähnlichkeit mit Osiris aufweist, vor allem eines strafte: Undankbarkeit. Wer sich genüßlich zurücklehnt, wer nicht weiter

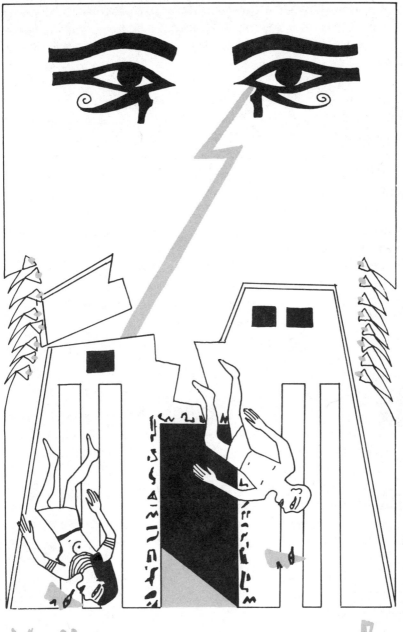

XVI.   **Der Turm**

strebt, wer aus seinen Gaben nicht schöpfen will, wer Begabungen liegen läßt oder mißbraucht, der wurde immer schon aus der Sicht des Olymps als höchst undankbar eingestuft und mußte bestraft werden.

Wer sich abschließt, sich einmauert, meint, es geschafft zu haben, sich verschanzt, um keine Opfer für andere bringen zu müssen, wer andere nicht fördert, nicht lehrt, der lenkt den Zorn der Götter auf sich. Und diese Götter strafen sinnbildlich mit Blitz und Donner; dann schlägt es im menschlichen Leben wie ein Blitz ein, dann ziehen sich drohende Wolken zusammen, obwohl die Welt rundum im schönsten Licht der Sonne glänzt. Gewitter kommen unangekündigt; auf sie ist man in der Regel nicht vorbereitet, und wenn sie da sind, meint jeder, es wird ja nicht gerade bei ihm einschlagen. Daher sind die Menschen überrascht, wie hier auf unserem Bild, da sie fast nackt herausgeschleudert werden. Sie hätten ja aus dem Eingang des Pylons herauslaufen können, denn das Tor ist nicht verschlossen. Aber nein, sie hatten sich verschanzt, hatten geglaubt, sich vor dem Zorn der Götter verkriechen zu können, wie Kinder, die sich in eine Ecke stellen und meinen, da sie nun niemand sehen, daß auch sie niemand sieht. Doch gerade diejenigen, die aufsteigen wollen zur Einweihung, müssen wissen, daß das Auge Gottes überall hinschaut, weil dieses Auge in jedem Menschen lebt. Es ist *in uns*; aus uns heraus sieht Gott, sieht der Schöpfer. Jeder Mensch ist sein Auge! Das ist die entscheidende Erkenntnis, die auf diesem siebten Schritt des Magiers zu gewinnen ist.

Zur Vertiefung der Karte legen wir die des Magiers daneben.

Der Magier steht am Anfang mit vollen Händen da – und nun? Alles muß er aufgeben, weil er schon meinte, mit der Überwindung des Dämons am Ziel zu sein. Wenn er nicht bereits inneres Wissen hätte, müßte er nun von vorn anfangen. Aber das innere Wissen ist vorhanden; die magischen Requisiten werden ab nun nicht mehr gebraucht. Auch deswegen mußte der Blitz einschlagen, damit die Menschen erkennen: Es kommt ein Meilenstein am Wege, ab dem man nichts Äußeres mehr benötigt, ab dem es allein auf Wissen, Können und vielleicht auf Weisheit ankommt.

Die Deutungsfaktoren für diese Karte sind folglich:
Der Einschlag;
das Aufgeschrecktsein;
das Erwachen aus der Erstarrung;
Ende einer Verkrustung;
die mahnende Strafe;
aus den Träumen herausgerissen werden;
das Plötzliche;
das Unberechenbare;
der plötzliche Ruin.

Wichtig ist auch noch, daß dies die Entwicklungsphase darstellt, in der die Menschen ihre Kopflastigkeit ablegen sollten. Deswegen fallen sie auf dem Bild mit dem Kopf nach unten, und zwar diesmal nicht freiwillig wie beim Hängenden. Hier aber geschieht nichts aus freiem Willen; das ist der bedeutende Unterschied.

Für den Osiris-Weg ist dies die sechste Stufe, da dieser Gott sich einmal auch zürnend und mahnend zeigt. Dies soll ausdrücken: sich allein auf die Götter zu verlassen, das reicht nicht; jede Güte und Gnade will verdient, erworben sein, und jede Gabe muß bezahlt werden; auf ewiges Glück kann sich keiner verlassen. Auch Osiris mußte dies erfahren, und die göttlichen Erfahrungen müssen den Menschen Vorbild sein. Osiris hatte sich überlisten lassen, wodurch Seth Gewalt über ihn gewann. Und was wäre dann aus der Götter- und Menschenfamilie geworden, nur weil eine Gottheit einmal nicht wachsam genug war? Heute sprechen wir davon, daß die, die im Elfenbeinturm sitzen, nicht wissen, was draußen vorgeht.

Der magische Stern

Numerierung: XVII

Wandel des Stabes: Der himmlische Nil

Motto: Magie ist Liebe – Liebe ist Magie.

Der erste Blick erfaßt eine Frau auf einer Lotusblume. Ihre Hände verbinden den himmlischen Nil (die Milchstraße) mit den Blumen dieser Erde, die insgesamt siebzehn Blüten zeigen. Die Lotusblume ist wie ein Kelch, aber auch wie ein Thron. Die Frau, es mag eine Priesterin der Isis sein, hockt in stolzer Haltung auf diesem Blumenthron. Sie ist reich geschmückt und festlich gekleidet. Ihr Gesicht ist freundlich, aber auch etwas überirdisch. Auf ihrem Kopf trägt sie das Symbol von Sonne und Mond in einem. Es ist die (stilisierte) Mondbarke, die wie ein Schiff die Sonne durch die Nacht trägt. Es ist aber in diesem Schmuck bereits das Symbol des Apis-Stieres zu erkennen, die zwei Stierhörner, durch die die Sonne hindurchgeht. Damit sind die beiden Erscheinungsformen der Mondsichel gemeint, die abnehmende, die sterbende und die aufgehende, die neugeborene.

Über dem ganzen Bild steht der *magische* Stern, der achtstrahlig ist, und achtstrahlig wurde immer der Venusstern gesehen, da die Venus so lange am Abendhimmel steht, wie die aufgehende Mondsichel achtmal an ihr vorbeizieht. Dann wird die Venus Morgenstern und leuchtet solange, bis die sterbende Mondsichel achtmal an ihr vorbeigezogen ist. So wurde die Zahl Acht die Zahl der Venus, was auch in der Quersumme der Zahl dieser Karte zum Ausdruck kommt.

Es ist ein friedliches Bild voller Charme und innerer, ruhiger Kraft. Man spürt: Hier herrscht Isis; das ist ihr Reich, von dem die Kraft der Liebe und der Magie in alle Welt gehen, ja strahlen soll.

Über dieser friedlichen Atmosphäre schwebt der magische Stern. Diesen Stern nennen wir heute die Venus. Er mag früher (genau ist das nicht festzustellen) Isis geheißen haben. Venus als Morgen- *oder* als Abendstern (beides an einem Tag oder in einer Nacht ist unmöglich) strahlt einen sanften, harmonischen Glanz aus. Dieser Stern leuchtet nur abends oder morgens. Abends leuchtet die Venus in der zunehmenden Dunkelheit eine Idee eindrucksvoller als am Morgen, weil da die Sonne heraufdämmert und der Morgenstern schnell von der rot aufgehenden Sonne überstrahlt wird. Diese beiden Sterne, die ein Stern, aber in ihren Erscheinungen stets getrennt sind, wurden auch auf verschiedene Gottheiten bezogen. So war der Morgenstern der kämpferischen, todbringenden Löwengöttin Sechmet zugeordnet, während der mildere Abendstern Bastet, der sanfteren Katzengöttin zugedacht wurde.

Aber insgesamt wurde der Stern der Isis zugeteilt. Er lehrte die Menschen durch seine Leuchtkraft, daß es Wandelsterne, also Planeten gibt, denn er ging (wie die anderen Planeten) eigene Wege. Bei der Venus fiel dies aber am deutlichsten auf. So wurde sie auch der *magische* Stern genannt. Mit diesem Planeten begann die Lehre von den Sternen, die Astrologie. Dabei ist Isis/Venus gar kein Stern, sondern eine dunkle Masse (ein Planet), die, wie die anderen Wandelsterne, nur das Sonnenlicht widerspiegelt. Aber Venus vermag in Ägypten so hell und strahlend zu leuchten, daß in ihrem Schein die Titelüberschriften von Zeitungen gut lesbar sind. So bringt dieser Stern auch etwas Licht, wenn es dunkelt und der Mond vielleicht noch nicht aufgegangen ist.

Dieser magische Stern war der Anlaß, daß man sich noch intensiver mit den Himmelsgesetzen beschäftigte, denn vorher hatten sich die großen Priester und Astrologen nur um die Rhythmen von Sonne und Mond gekümmert, und alle Berechnungen basierten auf dem Polar- oder Nordstern. Nach ihm wurde die Cheopspyramide ausgerichtet, womit die Südsonne einen Gegenpol im Norden erhielt.

So half dieser magische Stern mit, die Gesetze des Himmels zu erkennen und sich ihnen zu fügen, denn am Himmel herrschte Harmonie, Verläßlichkeit und tiefer Frieden, obwohl sich am Himmel stets alles veränderte. Aber im Grunde blieb es, wie es war. Es gab eine stete Entwicklung, die auf festen Prinzipien beruhte.

Diesen himmlischen Frieden suchten auch die Menschen auf Erden. Dieser Stern war auch ein Begleiter durch die Nacht, da er abends leuchtete, wenn die Dunkelheit hereinbrach, und morgens wieder strahlte, wenn die Dämmerung heraufzog (aber nie in der

XVII. Der magische Stern

gleichen Nacht beide, um Argumenten astronomischer Naturwissenschaftler vorzubeugen). Aus dem gleichen Grunde wurde Isis/Venus auch der Stern der Liebenden genannt, denn unter diesem Stern traf man sich des Abends und trennte sich am Morgen, wenn das Tagwerk begann.

Ägypten kannte viele Liebesgöttinnen. Neben der Isis besonders die Hathor. Isis war die Liebende für alle, die Gute; Hathor war die Göttin der persönlichen Gefühle und Bindungen. Viel von ihrem Kult wurde später auf die griechische Aphrodite übertragen. Man projizierte in sie alle gebärenden, erhaltenden und schützenden Kräfte der Frau. So symbolisiert die Frau auf der Lotusblüte auch etwas von einer der Hathor-Priesterinnen, zumal man Horus oft als ihren Gemahl sah.

Hathors Sohn war »Ihi«, der Gott der Musik. Daher symbolisiert dieser magische Stern auch die Künste, eben alles Schöne und Erhabene. Ihi vermochte Wunder zu vollbringen wie Isis, die die Fähigkeit besaß, Kinder Nacht für Nacht ins Feuer zu legen, um ihnen Unsterblichkeit zu geben, so wie sie auch Osiris wieder den Atem des Lebens zugefächelt hatte.

So vereinten sich in diesem magischen Stern (und damit in der Priesterin) mehrere weibliche Gottheiten, die Segen versprachen. Isis an erster Stelle, aber auch die schöne kuhäugige Hathor sowie die Löwengöttin Sechmet und die katzengesichtige Bastet.

Dies führt uns zu folgenden Deutungsfaktoren:
Liebe;
Schönheit;
Gleichmaß;
Frieden;
Kunst;
Musik;
die Musen;
die himmlische *und* irdische Verbundenheit;
das tiefe Glück;
die Harmonie des Lebens;
die Schönheit der Natur.

Legen wir nun die Karte des Magiers daneben, dann sehen wir (und deswegen wird dies hier erst nach den Deutungsfaktoren ausgeführt), daß ihm die vielfache Priesterin den Weg über sich hinaus weist. Er darf nicht bei ihr verweilen, er soll sie aufnehmen. Er kann sich hier ausruhen, aber sein Weg ist nicht zu Ende; es muß weitergegangen, es muß weitergesucht werden. Mögen auch viele wünschen, was Goethe so herrlich ausdrückte: »Werd' ich zum Augenblicke sagen, verweile doch, du bist so schön, dann magst du mich in Fesseln schlagen, dann will ich gern zu Grunde gehn!«

Doch dies ist nicht der Weisheit letzter Schluß, wie Faust einsehen und lernen mußte. Das Schöne *allein* ist nie das Ziel. Wir sind auf der sechsten, der vorletzten Stufe des Isis-Weges angekommen, können Isis in ihrer Schönheit und in ihrer Gnade verstehen – im Gegensatz zur sechsten Stufe des Osiris-Weges, da dieser Gott zürnte. Es ist so, als wolle Isis ausgleichen, was Osiris meint tun zu müssen; doch zum Ausdruck kommt dies: »Wenn du dem Osiris folgst, dann kannst du auch bei mir etwas von der Harmonie der Welten begreifen und wirst die Verbundenheit von Kosmos und Erde verstehen.« Denn die Milchstraße oder der himmlische Nil war in der Vorstellung der Ägypter auch der Lebensbaum des Himmels, zu dem jeder strebte, um ewig im Reich der Sterne leben zu dürfen.

Der Mond

Numerierung: XVIII

Wandel des Stabes: Der Weg

Motto: Das Ziel ist das Helle *und* das Dunkle

Der erste Blick erfaßt einen Weg, der in den Himmel führt, zu Sonne und Mond, zur aufgehenden und untergehenden Mondsichel und zu den Sternen. Die Sonne kann verfinstert werden (durch den Erdschatten), der Mond wird Dunkelmond, und die Sterne können hinter Wolken verschwinden. Doch Sonne, Mond und Sterne behalten ihren Glanz, behalten ihre Wegweiser-Funktion, so daß der Mensch sich nach ihnen ausrichtet und zu ihnen strebt. Auf dieser Station der Einweihung wechselt die Wegrichtung. Lag die Zukunft, das Ziel, bis jetzt nur rechts, führt jetzt der Weg nach oben an zwei Pyramiden und zwei Anubis-Hunden vorbei.

Der Weg beginnt (scheinbar) zwischen zwei (stilisierten) Blumensträuchern, und auf den Weg hat sich das Symboltier gemacht, das die Sonne durch die Nacht trägt, durch das Dunkelreich, damit der Tag wieder anbricht: der Skarabäus.

Der Skarabäus ist das Lebenssymbol schlechthin. Er begleitet die Toten, ähnlich wie er die Sonne vor sich her durch die Nacht schiebt. Der Käfer – ein zoologisch niedrig eingestuftes Tier – wird zum Himmelssymbol, zum Symbol der Wiederverkörperung. Diese Spannweite innerhalb der ägyptischen Mystik, der ägyptischen Religionen und der ägyptischen Esoterik ist so überwältigend, daß man dies nur voller Ehrfurcht betrachten und in sich aufnehmen kann. Kein Pharao, kein Priester, kein Bürger, dem nicht ein Skarabäus in den Totenschrein gelegt wurde.

Den Lebenden diente dieser Skarabäus als Amulett, den Toten als Führer durch die Nacht ans andere Ufer. In der Natur rollt der Mistkäfer seine Eier in eine Mistkugel, so daß die jungen Käfer augenscheinlich ohne Zeugung, also wie von selbst entstehen. Wie die jungen Mistkäfer erschien auch der Sonnengott Morgen für Morgen ohne Zeugung als Urgott.

So begleitet dieser Käfer den Suchenden auf die Höhe, in das innere Heiligtum, um die letzte Einweihung zu empfangen. Dieser Weg in die Höhe, ins Heiligtum, kann über den Tag führen oder über die Nacht. Dies allein zu entscheiden, steht den Göttern, nicht dem Suchenden zu. Dem Weg des Skarabäus kann jeder folgen; auch dies ist uraltes Wissen. Es ist ein neuer Weg, ein neuer Aufbruch und ein sehr weiter Weg, der sogar mehrere Leben in Anspruch nehmen könnte. Doch dies spielt keine Rolle; auch Osiris mußte mehrmals von Isis befreit werden, nicht nur, als er von Seth zerstückelt worden war. Schon vorher war er in die Falle des Seth gegangen, der einen Sarg fabriziert hatte, der demjenigen gehören sollte, der da wie nach Maß hineinpaßte. Isis legte sich in den Sarg, ihre Schwester und andere probierten es ebenfalls aus, aber als sich Osiris in den Sarg legte und er millimetergenau hineinpaßte, schloß Seth den Deckel und kippte den Sarg in den Nil. Der Sarg trieb weit hinaus aufs Meer bis an die Küste Palästinas. Dort blieb er liegen und wurde von einem Baum völlig überwachsen, bis er unsichtbar wurde. Isis aber fand diesen Sarg, der inzwischen als Holzsäule in einem Palast diente, und konnte Osiris befreien.

Die Wege sind lang, aber das Ziel wird erreicht, wenn sie nur konsequent gegangen werden. Das allerdings erfordert Disziplin, die hier von den zwei Anubis-Hunden verdeutlicht wird; nicht nur das helle Äußere der Hunde ist diszipliniert, sondern auch ihre dunkle Innenseite hat so zu sein. Nur das Ganze führt zur Einweihung, das Ganze muß zum Himmel streben, wenn dieser auch auf Erden liegt.

Es ist die neunte Stufe des Magier-Weges, der nun nicht mehr vorhanden scheint, denn legen wir die Karte I neben dieses Bild, dann bemerken wir erst, was für einen langen Weg der Magier gegangen ist, wenn er auch längst noch nicht am Ziel angekommen zu sein scheint.

Der Magier hat auf diesem Bild nichts mehr zu suchen, er kann sich nur symbolisch als Skarabäus fühlen oder sich diesem anvertrauen, dann weiß er, daß der Weg, den er eingeschlagen hat, der richtige war. Das äußere Abbild des Menschen ist nicht mehr notwendig, hier werden noch nicht einmal mehr Abbildungen von

XVIII. Der Mond

Gottheiten benötigt. Es genügt, die beiden Pyramiden zu erkennen. Pyramiden waren auch Grabkammern, aber in erster Linie Stätten der Einweihung, denn in ihnen war eine Atmosphäre, die es erlaubte, die Strömungen des Alls aufzunehmen, so daß sich der Geist emporschwingen konnte, um neue Dimensionen zu erkennen. In den Pyramiden lebt der Geist, der über das irdische Denken weit hinausgekommen ist, wenn es auch noch nicht der Geist der Götter ist. Aber den sollen ja Menschen auch nicht völlig aufnehmen. Ein Mensch kann nie zu einem Gott werden, er kann ihm nur nahe sein, um seine Weihen zu empfangen. Dies geschah überwiegend in Heiligtümern, später in den Pyramiden.

Der Gott der aufgehenden Sonne heißt Chepre (nach dem Mistkäfer) und wird oft mit einem Skarabäus-Kopf abgebildet. Chepre hält in den Händen den Herrscherstab und das Anch-Kreuz, das Zeichen des Lebens. Der Skarabäus also verbindet die Suchenden mit den Gottheiten und ist so derjenige, dessen Weg zu verfolgen ist, so weit er auch sei.

So kommen wir zu folgenden Deutungsfaktoren für die Karte XVIII:
Der Aufbruch aus der Tiefe;
das weite Ziel;
die große Entscheidung (im Gegensatz zur Karte VI);
die innere Disziplin;
das Annehmen von Helle und Dunkelheit als gleichwertige, sich ergänzende Faktoren;
der Glaube an das Endziel.

Die Karte heißt »Der Mond«, weil schon im alten Ägypten der Mond das Himmelssymbol war, das die Hoffnung auf die stete Erneuerung darstellte. Denn es muß Menschen unheimlich berühren, wenn sie immer wieder erleben, daß etwas sichtbar stirbt und sichtbar wieder aufersteht. Heute wird dieser innere Mondweg kaum mehr angenommen, weil die Seele von den Naturwissenschaftlern als nicht beweisbar abgelehnt wird. Aber nicht beweisbar ist auch die Liebe, und die erleben zum Glück die Menschen auch heute noch, obwohl die Beweisbarkeit im naturwissenschaftlichen Sinn das Denken beherrscht. Die Ägypter wußten von all dem, was heute als »Glauben« abgetan wird, sogar als »Aberglaube« – ein Begriff, der damals nicht existierte, aus Respekt vor der Überzeugung anderer Menschen.

Wir sind auf der sechsten Stufe des Horus-Weges angekommen. Der Mensch macht sich auf den Weg zur Gottheit, verläßt also seinen irdischen Weg, wenigstens was die geistige Ebene betrifft. Er will seiner Gottheit, seiner Seele, seiner Tiefe nahe sein.

Die Sonne

Numerierung: XIX

Wandel des Stabes: Der Baum

Motto: Das Weibliche findet sich im Männlichen, das Männliche im Weiblichen.

Der erste Blick erfaßt ein junges Paar (wobei die Betonung nicht auf *jung* liegt), das sich vor einem Baum mit neunzehn Blüten an den Händen faßt. Darüber schwebt die Sonne, und unten am Baum ringeln sich Blumen zu einer Lemniskate. Es herrscht Frieden, und die beiden Menschen sehen sich glücklich an; einer braucht den anderen. Die Frau schaut in Richtung der Zukunft, der Mann in Richtung der Vergangenheit, beide sind in der Gegenwart. Das höchste Glück der Gegenwart ist das Glück der Vereinigung, das Glück, das zwei Menschen bindet, das Glück der Liebe.

Liebe ist auch Einweihung! Keine Einweihung ohne Liebe. Zwar lehren viele Bücher und Überlieferungen, daß Eingeweihte auf das Glück der Liebe verzichten sollten, um sich auf das Höchste zu konzentrieren, aber das höchste Glück der Gegenwart ist die Bindung, in der sich zwei Gegensätze zusammenfinden und die himmlische Hochzeit stattfindet, denn ohne die Körper, die durch eine Bindung geboren werden, fände die Seele keinen Entwicklungsraum mehr auf dieser Erde. In der Gegenwart erlebt der Suchende, daß Glück vorhanden ist, vorhanden sein muß, denn Einweihung hat auch zu erfolgen, damit das Glück auf dieser Erde von der Einweihung behütet wird, zumal das Streben nach dem Glück uns im Grunde erst zur Einweihung führt.

Ein entscheidendes Bildelement ist der Baum. Der Baum, der in den Himmel wächst, ist das Symbol der Erde. Aber ein Baum kann nur so hoch hinaufwachsen, wie ihn seine Wurzeln tragen. Verliert er seine Wurzelkraft, dann kippt er um, und das Emporstreben hat ein für allemal ein Ende. Ist ein Baum einmal gefallen, ist er nicht mehr aufzurichten, es sei denn, es ist ein ganz junger Baum, der noch »*erzogen*« werden kann.

Kein Streben nutzt uns, das von dieser Erde wegführt. Wer nur in den Einweihungshimmel will, ohne dabei zu bedenken, was er hier unten zu tun hat, der fliegt davon in Weiten, die unendlich sind, aber den Weg zurück zur Erde nicht mehr gestatten.

Das Bild des Baumes wurde immer auch am Himmel gesehen. Es ist die Milchstraße, die die Ägypter den himmlischen Nil nannten. Auf der nördlichen Halbkugel sieht man im Sommer die beiden Äste des Baumes, im Winter den Stamm. So konnten die priesterlichen Astrologen anhand der Milchstraße den Wandel der Jahreszeiten feststellen: vom Stamm zum Leben (die beiden Äste, an denen dann Früchte reifen), vom Leben zum Stamm.

Dieser Baum am Himmel ist aber auch der Baum, in dem Osiris in seinem Sarg lebte, in dem ihn sein feindlicher Bruder Seth gefangenhielt. Isis mußte ihn im Himmel und auf Erden suchen. So hat jeder Baum etwas mit dem Odem des Osiris zu tun. In jedem Baum lebt Osiris; und sich mit dem Segen des Osiris zu vereinen, war einst die Sehnsucht aller, der Liebenden, der Treuen, der Suchenden, der Zweifelnden, der Glücklichen wie der Unglücklichen. Im Baum steckt scheinbar unendliche Lebenskraft, es sei denn, der Mensch nimmt sie dem Baum.

Über allem darf aber die Sonne nicht vergessen werden! Scheint sie, dann sieht man den himmlischen Baum, den himmlischen Nil, die Milchstraße, nicht mehr, doch dem irdischen Baum bekommt der Sonnenschein gut; ohne diesen würde er nicht gedeihen können.

Der irdische Baum versinnbildlicht auch am Tage das Geheimnis des Lebens, nämlich das Helle und das Dunkle in einem. Der Baum bietet Schatten, so sagen wir heute, aber einst war man der Ansicht, daß der Baum uns auch am Tage an das Dunkle erinnert, denn gerade in Zonen, da die Sonne zerstörerische Hitze zu senden vermag, kommt die Sehnsucht nach dem Dunklen, nach dem Schatten auf.

Allein der Baum bot – bevor Tempel und andere Gebäude errichtet wurden – diesen Schatten, und in den Wäldern konnte man der »Nur-Helligkeit« am besten entfliehen. Kein Wunder, daß die meisten Märchen und Legenden dieser Welt in Wäldern geheimnisvolle Kräfte vermuten, daß dort die Elfen, die Gnomen, die Wesen mit übernatürlichen Kräften zu Hause sind, weil sie hier am besten

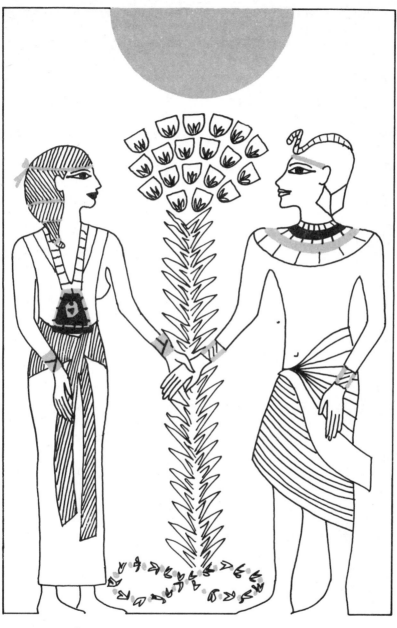

XIX.   **Die Sonne**

gedeihen, sich auch am besten verbergen können. Die bösen Geister hausten in den Bergen, weswegen sie aus dem Berg herauskommen müssen, um die Welt der Menschen aufzusuchen.

Der Baum bringt – im symbolischen wie im realen Sinn – die Gegensätze dieser Welt zum Ausdruck. Das Streben zum Licht, aber auch das Im-Dunklen-verhaftet-Sein, die Helligkeit und den Schatten, die Hitze und die Kühle, die Kraft des Wachsens und das Wissen um die Beschränkung, denn kein Baum wächst in den Himmel.

Auch in Ägypten fanden sich einst die Liebenden unter den Palmen der Oasen, denn die Hitze der Wüste würde jede Liebe verbrennen. Das Schattenspendende wurde von den Palmblättern abgesehen, nach deren Vorbild man später die Fächer formte.

Es ist schon angedeutet worden, daß der Magier hier kaum mehr existiert, aber er nimmt das Glück auf, das ihm der magische Stern gezeigt hat (XVII), nach dem er sich dann auf den großen Weg des Skarabäus gemacht hat. Sein Weg ist noch nicht zu Ende, wenn auch das irdische Glück – auch im höheren Sinn – der unvergänglichen Liebe erreicht scheint. Denn die Liebe, die unvergänglich Menschen bindet, lebt, und nicht ohne Grund *weiß* man, daß sich die Seelen dieser Menschen wieder begegnen, daß sie gemeinsam neue Erfahrungen auf der Leiter nach oben erleben und bestehen müssen.

Es ist der letzte Schritt des Magiers, dessen Weg hier zu Ende geht. Ein schöneres Ziel und Ende ist gar nicht denkbar, das ist das Geschenk des Osiris, dessen Weg hier auch seine siebte und letzte Stufe erreicht hat. Osiris und Magier reichen sich also die Hände, sind – natürlich nur vom Magier aus gesehen – *eins* geworden.

Osiris ist nach der ägyptischen Mythologie der älteste Sohn der Himmelsgöttin Nut, der wir noch begegnen werden, und des Erdgottes Geb. Aus der Bindung zwischen Himmel und Erde steigt er zur höchsten Gottheit aller Götter auf. Damit wird klar, daß Himmel und Erde immer als ein Gesamtes gesehen werden müssen, daß *der* Himmel *die* Erde im menschlichen Sinn ehelichte, um sich so zur kreativen Schöpfung zu entwickeln. Dies ist das Geheimnis, was auch beinhaltet, daß das Irdische nicht einfach abgelegt werden soll. Wer dies meint, der hat den Sinn der Einweihung nicht verstanden, weil Himmel und Erde zu vereinen sind und die Erde nicht als Sprungbrett zum Himmel mißbraucht werden darf. Diesseits und Jenseits sind eins, und was von der Erde aufsteigt, muß zur Erde zurück, was vom Himmel kommt, steigt im ewigen Wechselspiel auch wieder zum Himmel auf, um erneut die Erde zu beglücken, weil der Himmel, mag er noch so zürnen, die Erde liebt.

Die Auferstehung

Numerierung: XX

Wandel des Stabes: Das Himmelsinstrument

Motto: Der Einweihung ist nachzustreben, damit sich die Seele im Himmel zurechtfindet.

Der erste Blick erfaßt die Grabkammer eines in einen Bergstollen gebauten alt-ägyptischen Grabes. Oben ist ein Himmel mit Sternbildern gemalt. Wir sehen den Stier, den Löwen und am Schwanz des Löwen den Polarstern. Die Original-Motive dieser ersten stilisierten Sternbilder (nicht Sternzeichen) finden sich im goldenen Saal des Königsgrabes von Sethos I.

Es ist kein Zufall, daß wir uns am Ende des Weges in einem Grab befinden, das für einen König erbaut wurde, der sich nach dem »Bösewicht« Seth, also nach dem Dämonen nannte. Am Ende eines Weges vereinigen sich Gut und Böse, denn beides sind Stationen auf dem Einweihungsweg, auf dem wir das Böse überwinden sollen und das Gute nicht mißbrauchen dürfen. Am Bildrand erkennen wir zwanzig Blüten in drei Bündeln, daneben drei *Auferstehungsstationen* einer Mumie. Von oben ragt die himmlische Trompete ins Bild, die die Toten zum Aufbruch ermahnt. (Später hat man gesagt, daß sie die Toten zum Jüngsten Gericht ruft, aber das Große Gericht, die Gewissenswaage, hatten die Toten in Ägypten zu diesem Zeitpunkt schon hinter sich.)

So folgt nach der Karte der goldenen Sonne die Karte des dunklen Grabes, die auch aufzeigt, daß sich beides zu vereinen hat. Diese Karte wirkt auch nicht dunkel oder düster, sondern froh und erbauend, fast optimistisch und ermunternd.

Das Grab – ob Königsgrab oder das des Bürgers – war nie ein düsterer Ort. Die Toten bekamen Amulette, nützliche Geräte und auch Verpflegung für ihre weite Reise mit ins Grab gelegt. Aber nicht nur das, auch Literatur wurde ihnen mitgegeben. Wir kennen viele Texte, die später in den ägyptischen Totenbüchern veröffentlicht wurden. Die Gräber wurden ausgemalt. Diese Malereien – so anschaulich sie sind – waren nie für Betrachter gedacht, sondern nur für die Toten, die sich auf ihre weite Reise begeben hatten.

Viele der Texte, die den Toten mitgegeben wurden, stellten magische Erklärungen für das Leben im Jenseits dar. Es gab eine ganz kleine Schicht von Priestern, die geheimes Wissen den Lebenden nur mündlich mitteilten, es aber schriftlich den Toten mit auf den Weg gaben. Das letzte Geheimnis jedoch wurde nie schriftlich niedergelegt, wenigstens nicht an Orten, wo Lebende es lesen konnten.

Auch ist das letzte Geheimnis mehr zu ahnen als zu wissen; die Weisen waren überzeugt, daß den Eingeweihten dieses Wissen von ihrer Seele selbst eingehaucht würde, wenn die Seele den Zeitpunkt für richtig hielt. Dies war das letzte Zeichen der Einweihung, die höchste Auszeichnung, die jemand erringen konnte. Die wichtigsten Erklärungen wurden auch nicht an die Wände der Gräber geschrieben, sondern an die Innen- und manchmal auch an die Außenseite der Särge. Es waren auch Botschaften an jene, die schon am anderen Ufer angekommen waren.

All diese Texte wurden später zusammengefaßt in den »Büchern der Pforten, der Höhlen, des Tages und der Nacht« und vielen anderen Schriften. Aber der innere Zusammenhang fehlt hier, und manches klingt – wie kann es anders sein –, als wäre das meiste aus dem Zusammenhang gerissen worden. Der Gesamtzusammenhang wäre wohl nur den höchsten Weisen verständlich gewesen, die aber schon von dieser Erde gegangen waren, als man den Sinn der Grab- und Sargtexte in etwa wiederentdeckte.

Die Ägypter waren der festen Überzeugung, daß eine Einweihung nur dann vollzogen werden konnte, wenn die Suchenden den Tod im bewußten Zustand erlebten, ihn sozusagen vorwegnahmen. Die Begegnung mit dem Übergang der Schwelle war die letzte und entscheidende Prüfung. Daher ist man heute auch der Meinung, daß in den großen wie kleineren Pyramiden Einweihungszeremonien vorgenommen wurden.

Wer heute die Cheopspyramide besucht, sieht in der Königskammer die Reste eines Sarkophages aus Granit. Dort sollen die Suchenden – bevor sie die letzten Weihen der Einweihung empfingen – hineingelegt worden sein, und zwar gemäß dem Beispiel des

XX. Die Auferstehung

Osiris mit aufgelegtem Sargdeckel. Die Stunden dieses Lebendigbegraben-seins müssen furchtbar gewesen sein, zumal den Suchenden vorher *nie* versichert wurde, daß sie wieder zum Leben auferstehen würden. Dies wurde der Gottheit überlassen. Zwar kannten die Suchenden Eingeweihte, aber sie erfuhren nie, ob alle, die in den Sarg gelegt worden waren, da auch wieder herauskamen, ob sie ein himmlisches Instrument zum Auferstehen rief. Daß die einbalsamierten Mumien nicht aufstehen, das konnten die Ägypter im Laufe der Zeit real mitverfolgen, aber das hinderte sie nicht, an einer Auferstehung der wesentlichen Bestandteile des Lebenden im Körper zu zweifeln.

Um diese Probe zu bestehen, war eine innere Verbundenheit mit Isis unbedingt erforderlich, denn nur das Vertrauen zu ihren Wiederbelebungskräften gab die Kraft, sich dem steinernen Sarg anzuvertrauen.

Wir sind auch auf der siebten Stufe des Isis-Weges angekommen. Da ist es gut, das Bild der Hohepriesterin neben die Karte »Die Auferstehung« zu legen, denn dies ist der erste Schritt (von zwei) der Hohepriesterin. Und es fällt auf, daß der Stab, den die Priesterin in der Hand hält und der uns übermächtig erscheint, sich durchaus zum himmlischen Instrument gewandelt hat. Die Hohepriesterin ruft also, sie beurteilt, wer eingeweiht ist, wer nicht, oder wer noch Zeit benötigt. Beim Liegen im geschlossenen Sarg bekommen die Suchenden den Besuch von Ungeheuern und Dämonen, die noch in ihnen sind, wie auch ihr gesamtes Leben vor ihrem inneren Auge abläuft. Manche halten das aus, weil sie erfahren, daß sie selbst sich nun in der Rolle der Ma'at befinden, um über sich zu urteilen. Dies ist die strengste und wertvollste, auch wichtigste Aufgabe vor der Einweihung.

> Daraus ergeben sich folgende Deutungsaussagen für diese Karte:
> Die Hingabe an eine Aufgabe, an eine Liebe, an einen Glauben;
> die Auseinandersetzung mit der Schwelle;
> das Wissen um das Weiterleben;
> die Ausrichtung auf eine besondere Aufgabe;
> der entscheidende Wandel;
> die Suche seines Platzes im Kosmos und am Himmel.

Die drei Mumien versinnbildlichen auch noch die drei Seelenbegriffe: Ka, Ba und Ach, die wir in der Einleitung erklärt haben. Zum Ka gehen hieß einst sterben, und so betete man auch zum Ka des Toten. Ba ist der geistige Anteil der Psyche, die sich nach dem Tode vom Körper trennt und aufersteht, zum Himmel fährt, während Ach die überhaupt unsterbliche Kraft darstellt, die Menschen wie Götter verklären kann. Hier wird der Suchende also eingeweiht, indem er die drei Begriffe, die ineinander verwoben sind, erkennt und weiß, daß ein Mensch *und* sein Schatten mit Ka, Ba und Ach das vollständige Individuum ausmachen.

Der erste Schritt der Hohepriesterin ist zugleich die letzte Stufe, die siebente des Isis-Weges, die nun ihr Werk im Suchenden vollendet hat, indem sie – wie einst Osiris – die, die sich im Übergang in eine andere Welt befinden, die die Schwelle übertreten, mit unsterblicher Kraft versorgt, wenn diese Suchenden an sie und an das große göttliche Wirken glauben.

Das All

Numerierung: XXI

Wandel des Stabes: Die Göttin Nut

Motto: Du bist im All – das All ist alles.

Der erste Blick erfaßt Nut, die Mutter des Sonnengottes Re, die an jedem Abend die Sonne verschluckt, um sie am Morgen neu zu gebären. Dargestellt ist sie als Frauenfigur mit den Füßen im östlichen und dem Kopf im westlichen Horizont (Süden ist oben). Nut wird von der Gottheit Schu gestützt, damit sie nicht auf Geb herunterfällt. Schu symbolisiert den Luftraum, der Himmel und Erde trennt. Nut war nach der heliopolitanischen Götterlehre auch die Gemahlin des Erdgottes Geb und die Mutter von Osiris, Isis, Nephthys und Seth. Ihre Darstellung findet man auf Sarkophagdeckeln wie in Zauberbüchern und in den Königsgräbern.

Die Erde, als Zwitterwesen dargestellt, liegt von Blumen, also der Natur umgeben auf dem Boden und hält das himmlische Instrument, die Harfe, in der Hand. Dank Nut sind Himmel und Erde zwar getrennt, aber doch im höheren Sinne vereint. Nut nun soll von Schu (Luft) und der löwenartigen Göttin Tefnut (die Feuchtigkeit) gezeugt sein. Dies weist darauf hin, wie sehr die Ägypter begriffen hatten, daß die Erde nur dank der Atmosphäre (Luft und Feuchtigkeit) überhaupt existenzfähig war und ist. Aber sie dachten in Bildern, nicht wie heute in naturwissenschaftlichen, seelenlosen Fakten, die der inneren Wahrheit nie nahekommen können. Nut war: »... die Große, die zum Himmel geworden ist...«, auch die Göttin des Sargdeckels, der sowohl die Verstorbenen von den Noch-Lebenden abschließt wie die Suchenden vor der letzten Einweihung, da sie Nut – der Himmelsgöttin – nahekommen wollen.

Nut wird auch die Kraft zugetraut, die Tote oder den Toten als Stern neu zu gebären. Im Ur-Chaos, da die Erde noch nicht geboren war, die Elemente folglich noch durcheinanderwirbelten, konnte keine Ordnung aufkommen. Erst die Leistung des Schu, der Himmel und Erde trennte, schuf damit den abgegrenzten Wirkraum einmal für die Götter und einmal für die Menschen, wenn die Götter auch die Macht haben, auf Erden einzugreifen, und die Menschen wissen, daß sie einmal in den Himmel, wenn auch nicht in die Götterwelt aufsteigen können.

So zeigt uns dieses Bild die Grundharmonie und die Grundgesetze, die die Suchenden jetzt nicht nur aufnehmen, sondern auch verstehen können, so daß schon auf Erden die Himmelsmelodie erklingen kann. Himmel und Erde sind zwar als kosmische Räume getrennt, worüber Schu aktiv wacht, aber die Erde, die Ergänzung des Himmels, wird von Nut völlig eingeschlossen. Ihre segnende Hand ist der Erde stets nah. Somit ist Nut aber auch die Mutter des Sonnenlaufes, im Grunde die Mutter der Sternenlogik, die wir Astrologie nennen, was hier durch die goldenen Stationen des jeweiligen Sonnenstandes gezeigt wird. Diese Stationen sind unendlich, wenn auch hier achtundzwanzig deutlich hervortreten, die Nächte des Mondumlaufes. Immer wenn zwei Schöpfergottheiten als Paar auftreten, handelt es sich um ein Weltbild, das noch auf der »lunaren« Schauung beruht, also auf dem Zusammenspiel von Mond und Sonne.

Schu, der die Trennung bewirkt hat und sie auch garantiert, symbolisierte später übrigens auch die gestaltete Welt, denn durch seine Teilung der Erde vom Himmel schuf er die grundsätzliche Polarität, den Dualismus, der eine Grundgestaltung erst ermöglichte.

Später wurden so die Gegensätze deutlich wie von »Herz und Zunge« oder »Geist und Wort«. »Und das Gotteswort entstand aus dem, was das Herz erdachte und die Zunge befahl...« Horus war das Herz und Thot die Zunge. Das Herz denkt, was es will (das göttliche Herz), während die Zunge alles befiehlt, was sie will. So taucht auf der letzten Stufe, der siebten, der Gott Thot auf, dessen Weg wir zum Schluß gehen müssen.

Wir sind am Ziel. Die Suchenden haben ihren Zielpunkt, die Einweihung, erreicht, die im Grunde auf der vorigen Station vorgenommen wurde. Jetzt sind sie aus den sinnbildlichen Särgen auferstanden, erkennen den Zusammenhang von Himmel und Erde, von Gottheit und Mensch. Es handelt sich hier um die letzte, die siebte Stufe des Horus-Weges, da dieser Gott, der das Menschliche in sich aufgenommen hat, um den Menschen etwas vom Göttlichen geben

zu können, nun die Eingeweihten empfängt. Dazu bedarf es keines Bildes mehr; die Götter leben in uns.

Legen wir die Karte der Hohepriesterin neben diese Karte XXI, dann empfinden wir eine enge Verbindung, die allein durch den jeweiligen sehr betonten Sternenhimmel gegeben ist. Die Hohepriesterin jedoch war selbst noch verschlossen; große Monumente bewachten sie, während die Göttin Nut dem Menschen so nah ist, daß dieser meint, sie berühren zu können, ja anfassen zu dürfen. Der Schleier ist gefallen, die Eingeweihten haben einen klaren Blick zum Himmel, und dieser ist ihnen sehr nah gekommen.

Dies ergibt für dieses Bild folgende Deutungsfaktoren:
Das Eingeordnetsein;
das Annehmen der Ordnung;
die Verbundenheit mit dem All;
das erreichte Ziel;
die Zufriedenheit;
das Verbundensein mit sich (seiner Mitte) und der Welt (dem All).

Jedoch – mögen alle Wege gegangen, alle Prüfungen bestanden sein, mag die Welt der Erfahrungen den Blick nach außen und innen geschärft haben, mögen wir uns am Ziel wähnen – wir sind es nicht.

0-XXII, Der Uneingeweihte

Wir sind dem Ziel um eine Stufe näher gekommen, die entscheidend sein kann, aber es liegen noch viele Stufen vor uns, für den einen wenige, für andere mehr. Die Wendeltreppe um uns selbst ist nämlich mit uns gewachsen, wie mit Wissen Anforderungen wachsen, mit Verstehen Weisheit. Die Entwicklung ist nie zu Ende, weil der Kosmos unendlich ist – also auch ohne Ende. Daher betrachten wir uns wieder im Uneingeweihten, nur verstehen wir ihn jetzt sicher viel besser.

Wir sind wieder auf dem Weg. Vor den verbundenen Augen hat nun niemand mehr Angst, der sich in den Einweihungssarg gelegt hat. Man sieht – auch wenn man meint, nichts zu sehen. Ungeheuer bedrohen einen stets, besonders diejenigen, die sich nicht auf den Weg machen.

Das Ziel ist immer die Höhe, wie tief der Weg auch herabführen mag, und das Ziel ist auch die Tiefe, wie sehr der Weg auch steil ansteigen sollte. Der Weg führt nicht nur nach oben und unten (Beispiel: Tagesbewegung der Sonne), sondern bewegt sich auch im ewigen Kreislauf (Beispiel: scheinbare Sonnenwanderung über das Jahr).

Wie Sonne, Mond und Sterne sich im ewigen Kreislauf befinden, aber im tieferen Sinne doch einen Wandel bewirken (beispielsweise auf der Erde; wir wissen nicht, wo sonst noch), müssen wir scheinbar immer den gleichen Weg über die Erfahrungsstufen überwinden, um etwas zu bewirken, das vielleicht nicht einmal deutlich zu erkennen ist. Doch wie sich das Kind zum Erwachsenen entwickelt, dieser zum Greis, um wieder Kind zu werden, so entwickeln wir uns auch im Kreis und doch immer wieder auf einer höheren oder zumindest anderen Stufe. Dies übrigens ist auch das wahre Geheimnis der Astrologie und des Tarot, weshalb beide sicher unsterblich sind.

Betrachten wir noch in aller Kürze die drei wichtigsten Wege der Gottdreiheit: Osiris – Isis – Horus.

Die Gottdreiheit und ihre Forderungen

Sechs Wege haben wir beschrieben, beginnend mit dem Uneingeweihten bis zum Uneingeweihten zurück. Was vor oder hinter der Karte 0 beziehungsweise XXII liegt, ist närrisch, sind Umwege, keine Einweihungswege. Vor der Karte Null wäre nur Närrisches zu finden – nach der Karte XXII dasselbe. Wer in diesen einundzwanzig Karten plus der Karte des Uneingeweihten nicht findet, was er sucht, der dreht sich im Kreis, im Labyrinth der eigenen Narrheit.

Sicher mit ein Grund, warum sich aus den sogenannten kleinen Arkana Glücks-, Poker- oder billige Wahrsagekarten entwickelt haben, die mit dem Gehalt der großen Arkana im Grunde nichts zu tun haben, die nur ablenken und Ergänzungen versprechen, weil vielleicht die Ungeduld regierte, die es nicht erlaubt, alles das in den einundzwanzig Karten zu finden, was darin enthalten ist.

Dies schlägt sich in vielen esoterischen Richtungen nieder. Wenn jemand irgendwo – zum Beispiel in der Astrologie – nicht sofort seine Entdeckungen macht, seine Erklärungen findet, werden neue Regeln aufgestellt, erscheinen neue Fixpunkte als der Weisheit letzter Schluß. Die Ägypter wußten es wie die Griechen: In der Beschränkung zeigt sich der Meister. Gott braucht nur zehn Regeln (Gebote), um das Leben auf der Erde in Ordnung zu halten; die Menschen schufen daraus unübersehbare Gesetzeswerke, die keine Ordnung brachten, die sich überschnitten, die ausgenutzt wurden und sich – weil der Sinn verlorengegangen war – ins Gegenteil verkehrten. Dies ist für jedes Lebensgebiet zu sehen, leider auch für fast jede esoterische oder religiöse Ausrichtung.

Doch einundzwanzig Erfahrungsstufen genügen, die drei Wege unter der Schirmherrschaft der Gottdreiheit zu erkennen und zu bewältigen.

Die Götterwelt der alten Ägypter war vielfältig, oft nicht überschaubar. Sicherlich können wir davon ausgehen, daß sich viele Mythen auch untereinander vermischten. Es ist kaum mehr möglich, die Götterbahnen auseinanderzuhalten, sie sind zu verschlungen. Dies aber gibt uns – und wir haben uns schon sehr auf die wesentlichen Gottheiten konzentriert – die Aufgabe, das Hauptinteresse auf die Gottdreiheit zu übertragen, zumal die sich für die Seelen und das Wissen der Gläubigen so bewährt hat, daß andere Religionen diese Dreiheit im Grunde übernommen haben.

Jede dieser drei Gottheiten hat für ihren Weg sieben Stufen, womit die beiden heiligsten Zahlen sich hier bestens bewähren. Wichtig ist nur zu betonen, daß diese Gottheiten stets miteinander tätig waren, also als Gesamtheit anzusehen sind.

In unserer Tarot-Ausgabe verweben sich die Wege der Gottdreiheit. Das Wirken setzt stets Osiris fest, das Vertiefen Isis und das praktische Umsetzen Horus. So kommen alle Gottheiten – vom Anfang her gerechnet – in ihrer Dreiheit zum Zuge.

Osiris: I–IV–VII–X–XIII–XVI–XIX
Isis: II–V–VIII–XI–XIV–XVII–XX
Horus: III–VI–IX–XII–XV–XVIII–XI

Was also Osiris beginnt, das beendet Horus. Dies dürfte zwar schon deutlich genug sein, aber es lohnt sich, dies hier noch einmal zu wiederholen.

	I Der Magier	
IV Der Pharao	VII Der Wagen des Osiris	X Sphinx
XIII Die Schwelle	XVI Der Turm	XIX Die Sonne

Der Osiris-Weg

Dieser Weg beginnt mit der Entdeckung der magischen Kräfte in uns, mit dem Start, dem Mut zur Einweihung (Karte I). Er führt über die Gesetze des Pharaos, des Vertreters der Sonne, des Allschöpfers (womit auch Osiris angesprochen ist) auf den weiteren Weg (Karte IV).

Als nächstes muß man lernen, wie man die eigenen Kräfte zügelt, wie man den Wagen des Gottes, den man bestiegen hat, mit Verantwortung lenkt, um ohne Schaden ans Ziel zu gelangen (Karte VII). Die vierte Stufe lehrt uns dann, wie schwer dieser Weg ist, den wir eingeschlagen haben, da wir immer wieder lernen müssen, uns im eigenen Dunkeln zu begegnen. Es gilt, das Rätsel unserer Sinnsuche zu erkennen und zu lösen, um für die Einweihung gerüstet zu sein (Karte X).

Die Begegnung mit der Schwelle, mit der Skorpiongöttin Selket, öffnet die Augen für die andere Seite des Lebens, die wir Jenseits nennen. Osiris will uns ja aus dem Diesseits herausführen, damit wir das Ganze erfassen, den gesamten ewigen Kreislauf, der in uns pulsiert (Karte XIII).

Die vorletzte Stufe ist die Karte, da der Blitz einschlägt, wir also gemahnt werden, nicht stehenzubleiben, nichts zu horten, uns nicht vor der letzten Konsequenz zu scheuen. Die Augen des Osiris wachen über uns, egal wo wir uns befinden, wo wir uns verstecken (Karte XVI).

Die letzte Stufe ist dann die Erfahrung mit dem vollen Leben, dem zu findenden Glück, das auch zu erstreben ist (Karte XIX).

Ein Weg des Glaubens, des Begreifens, der bewußten Erfahrung.

	II Die Hohepriesterin	
V Der Hohepriester	VIII Die Gewissenswaage	XI Die Kraft
XIV Die zwei Urnen	XVII Der magische Stern	XX Die Sonne

Der Isis-Weg

Dieser Weg beginnt mit der Begegnung der Hohepriesterin, da das Dunkle, das Seelische in uns erkundet werden soll, denn nur wer weiß, was er in sich trägt, kann wissen, wohin er will (Karte II).

Das Lernen, das Demütigsein, bringt uns zur weiteren Erforschung unserer Seele, die uns vor dem Hohepriester knien läßt, damit er uns den richtigen Weg weist (Karte V).

Dritte Station des Isis-Weges: Es heißt, das Gewissen zu wägen, sich selbst zu befragen, ob der eigene Anspruch nicht zu hoch ist, ob man weiter suchen kann (Karte VIII).

Als vierte Station begegnen wir dann der Kraft, die uns Mut einflößt, uns davon überzeugt, daß wir uns auch mit übermenschlichen Kräften messen können, wenn wir nur Vertrauen haben (Karte XI).

Die zwei Urnen erinnern uns nun daran, daß das Menschliche noch lange nichts Göttliches darstellt, wenn auch das Göttliche in uns lebt und wirkt (Karte XIV).

Ist dies dankbar angenommen, können wir auf die himmlische Liebe und auf das Wirken des magischen Sterns vertrauen. Wohin der Weg auch führen mag, der Stern ist immer über uns (Karte XVII).

Schließlich kommen wir an den Punkt, da wir aus uns selbst auferstehen, da die Einweihung vorgenommen wird, da wir den Abschied von dieser Erde vorwegnehmen (Karte XX).

Es ist der Weg der weiblichen Gottheit, der Weg der Mutter, aber auch der Weg der Geliebten und der treuen Lebensbegleiterin, der Weg des Unterbewußtseins, der Seele, der Weg der Innerlichkeit, der Weg der Liebe, damit der Weg der Wunder.

	III Die Pharaonin	
VI Die zwei Wege	IX Der Einsiedler	XII Der Hängende
XV Dämon	XVIII Der Mond	XXI Das All

Der Horus-Weg

Dieser Weg beginnt mit der Meisterung des Erdenlebens, mit der Führung der Mütterlichkeit und der Erfahrung, sich dem Gesetz des Lebens frühzeitig zu unterwerfen (Karte III).

Es folgt die Mutprobe für eigene Entscheidungen. Wenn zwei gleichwertige Wege uns locken, sollen wir die Erkenntnis gewinnen, daß beide Wege gegangen werden müssen – und sei es nacheinander (Karte VI).

Als nächstes ist dann die Selbsteinkehr notwendig, das Kennenlernen der eigenen Dämonen, die Begegnung mit sich selbst in der Einsamkeit und der Stille, so daß das eigene Licht leuchten kann (Karte IX).

Ist dies verarbeitet, können wir uns in eine andere Lage versetzen, um alles auch von einem anderen Standpunkt aus zu betrachten und das Gegensätzliche als Einheit zu erfahren (Karte XII).

Die Kraft, die damit erkannt wurde, darf jedoch nicht mißbraucht werden oder zur Versuchung führen, jetzt alles alleine zu vermögen und keine Gottheit mehr zu benötigen (Karte XV).

Ist dies verstanden, dann steht uns die Welt weit offen, führt uns an Erkenntnisstätten vorbei hinauf in den (geistigen) Himmel und zu den (auch inneren) Lichtern von Sonne und Mond (Karte XVIII).

Dieser Weg führt den Suchenden zum Ziel, zum Abschluß, da er sich eingebettet fühlt in der Ordnung des Alls, da himmlische Musik erklingt und er befreit das alte Erdendasein von sich abzuschütteln vermag (Karte XXI).

Es ist der Weg der Realität, der Weg des Geistes in der Gegenwart, wobei aber Vergangenheit und Zukunft als Eckpunkte, als Meilensteine stets zu erkennen sind.

Die Wege der Gottdreiheit

Wir können selbstverständlich die drei Wege auch vereinen, was uns zu folgenden Stichworten für die Karten der großen Arkana führt.

Aufbruch des Magiers	I
Begegnung mit dem Unbewußten	II
Erkennung der Mutterbezogenheit	III
Akzeptieren der weltlichen Macht	IV
Demut im Glauben	V
Wahl des eigenen Weges	VI
Sich selbst Zügel anlegen	VII
Abwägen des eigenen Gewissens	VIII
In sich gehen	IX
Anstrengung auf sich nehmen	X
Kraft und Glauben erfahren	XI
Den Gegensatz sehen	XII
Das Akzeptieren der Schwelle	XIII
Von den Gottheiten lernen	XIV
Den Dämon zähmen	XV
Den Sprung hinaus wagen	XVI
Sich seinem Stern hingeben	XVII
Den weiten Weg gehen	XVIII
Das Glück der Welt schätzen	XIX
Die Einweihung annehmen	XX
Sich eingeordnet fühlen.	XXI

Dies sind die Stationen, die erfahren werden müssen. Und jedesmal hat der Uneingeweihte der Karte 0/XXII hier keinen Platz, obwohl er hineinführt und hinaus.

Der praktische Gebrauch
der zweiundzwanzig Karten
der großen Arkana
des Ägyptischen Tarot

Drei Auslegearten

Wir kennen drei Auslegearten, die für diesen ägyptischen Tarot maßgebend sind. Es empfiehlt sich nicht, unbedingt mit diesen Karten »wahrsagen« zu wollen; dazu bieten sich andere Tarot-Decks an. Hier sollte es jedesmal wirklich um eine Standpunktorientierung gehen, um die Antwort auf Fragen wie: Wo stehe ich? Was soll ich tun? Was sind meine Schattenseiten, die ich erkennen und annehmen muß? Die drei Spielarten lauten:

Der *kleine* ägyptische Leitstern
Der *große* ägyptische Leitstern
Die Wege des Thot

Der kleine ägyptische Leitstern hilft uns, eine momentane Standortbestimmung zu finden, wenn wir zum Beispiel vor einer absehbaren Aufgabe (auf die Zeit hin ausgerichtet) stehen. Dies ist meist gut für Streßsituationen oder für Momente, da man sich überfordert fühlt, da ein äußeres wie inneres Durcheinander herrscht und es darum geht, schnell den inneren Frieden wiederzufinden.
 Der große ägyptische Leitstern dagegen weist den Weg für einen größeren Lebensabschnitt. Es handelt sich hier um eine Erweiterung des kleinen ägyptischen Leitsternes; aber hier geht es nicht um Momente, sondern mehr um grundsätzliche Ausrichtungen des eigenen Denkens und des eigenen Unterbewußtseins.
 »Die Wege des Thot« sind die Krönung des Spieles und bestechen durch ihre Einfachheit, wie ja überhaupt alle drei Auslegearten höchst einfach und damit von jedermann zu benutzen und zu deuten sind. Die Wege des Thot zeigen die Schattenseiten auf, die dann jedoch von den Fragenden auch angenommen werden sollten. Es hat keinen Sinn, sich diese Einweihungskarten zu legen (oder legen zu lassen), um danach keine Konsequenzen für den weiteren Ablauf des Lebens zu ziehen.

Wie gehen wir vor?

Bei allen drei Auslegearten legen wir die Karten zunächst offen, mit dem Bild nach oben, vor uns hin. Dabei müssen die Karten durchaus nicht in numerischer Reihenfolge liegen. Die Fragenden legen dann die Karten bewußt so zusammen, wie sie es im Moment für gut halten. Am besten sagt man ihnen: »Legen Sie die Karten so zusammen, wie Sie möchten, daß sie – für Sie persönlich – hintereinanderliegen. Bestimmen Sie die Reihenfolge; die Karten gehören Ihnen«.

Nach dem Zusammenlegen berühren die Fragenden die Karten zunächst nicht mehr. Dann werden die Karten noch einmal gemischt und ab jetzt nur noch verdeckt gehalten. Nun werden sie verdeckt, willkürlich auf den Tisch gelegt und vom Fragenden nach Anweisungen des Beraters ausgewählt. Dies geschieht, indem der Fragende die Karten mit den Fingerspitzen berührt und sie einzeln verdeckt aufnimmt.

Manchmal wird auch mit offenen Karten gearbeitet. Jeder sollte seine Variante finden, mit den Karten umzugehen, damit sie zu ihm sprechen. In der Praxis hat sich eine Mischform am besten bewährt, bei der zunächst aus den offen ausgelegten Karten ausgewählt wird, dann aus den verdeckten. Doch gehen wir zunächst zur ersten Auslegeart, dem kleinen ägyptischen Leitstern, der für den Moment Auskunft erteilt.

Der kleine ägyptische Leitstern

Hier gibt es zwei Möglichkeiten der Auslegung: einmal offen – einmal verdeckt. Es werden aus den zweiundzwanzig Karten insgesamt fünf ausgesucht. Bei der offenen Auslegeart wählen die Ratsuchenden vier Karten aus, jedoch nach den Anweisungen der Ratgeber.

Dazu ist es notwendig alle zweiundzwanzig Karten *offen* auf den Tisch zu legen, mit dem Bild nach oben. Dabei ist es völlig egal, ob die Karten in der Reihenfolge der Nummern liegen oder nicht. Es erweist sich sogar als besser, die Karten möglichst durcheinander auf den Tisch zu legen.

Der Ratgeber oder die Ratgeberin bitten nun den Ratsuchenden, eine Karte auszuwählen, die sein Problem widerspiegelt, in das er sich im Moment verstrickt sieht. Die Menschen kommen in der Regel ja nur – es sei denn, blanke Neugierde plagt sie –, wenn sie sich in schwierigen Situationen befinden. Danach wird der Zustand, die Gemütslage ausgesucht, also die Karte, die der augenblicklichen Laune entspricht. Die dritte Karte soll der Notwendigkeit, der Pflicht entsprechen, und die vierte Karte der Sehnsucht, dem Wunsch, der existiert.

Diese Karten werden wie folgt ausgelegt:

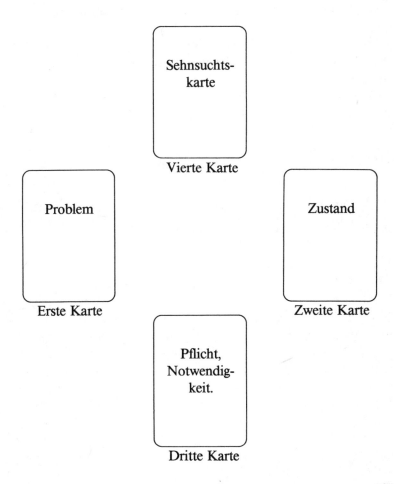

Nun werden alle anderen achtzehn Karten zusammengelegt; dann sind sie verdeckt durchzumischen und verdeckt auf den Tisch zu legen. Der Ratsuchende wählt nun verdeckt die fünfte Karte heraus, die in die Mitte gelegt wird. So ergibt sich der kleine ägyptische Leitstern. – Ein Beispiel.

Eine Frau im Alter von zweiundvierzig Jahren war zu einem Kartenleger gekommen, der vorwiegend nur mit dem ägyptischen Tarot arbeitete. Sie wählte für die Karte des Problems die Nummer VI »Die zwei Wege«; als inneren Zustand zog sie (offen ausgelegt) die Karte XX, »Die Auferstehung«. Für die Pflicht wählte sie die Nummer III, »Die Pharaonin«, als Sehnsucht die Karte XVII, den »Magischen Stern«. Das Bild sah folgendermaßen aus.

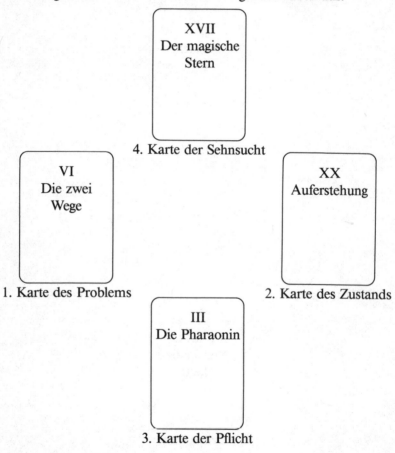

Das Problem war, für sich einen zweiten Weg zu suchen, obwohl sie an den bisherigen Weg noch gefesselt war. Ihr Wunsch, sich aus dem »Nur Leben für den Ehemann, die Familie, die Kinder«, zu lösen, um eigene Erfüllung zu erfahren, ließ sie auf ein neues Leben hoffen. Der Pflicht der Beherrschung und Fürsorge fühlte sie sich entwachsen (die Kinder waren aus dem Haus), so daß die Sehnsucht nach höherer Erkenntnis übermächtig wurde, zumal sie die Esoterik magisch, wie ein Stern anzog. Nun suchte sie blind den *kleinen* Leitstern heraus. Es war die Karte VII, »Der Wagen des Osiris«.

Folgendes Bild ergab sich:

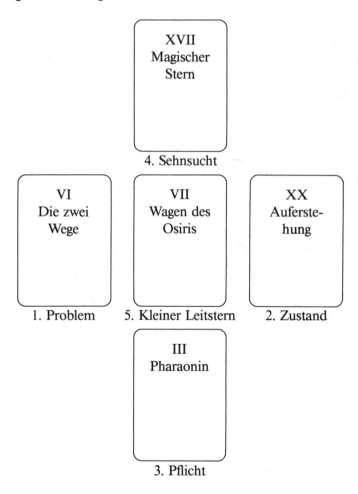

Deutung: Die Ratsuchende ist so voller innerer Siegeskraft, die zum Übermut ausarten kann, daß sie die Blumen ihres bisherigen Lebens dabei überfährt. Der Leitstern will ihr sagen: Suche deinen magischen Stern nicht zu stürmisch außen – also mit einem markanten Neuanfang –, sondern innen in dir. Zügle die inneren Kräfte, aber steuere zielbewußt das Ziel an, wobei keine Stationen der Reife und der esoterischen Erkenntnisse übersprungen werden sollten. Nichts im Übermaß! mahnt diese Karte, auch wenn das Ziel erkannt und damit angesteuert wird.

Dabei sei betont, daß *nie* öfter als einmal in drei oder vier Monaten die Karten ausgelegt werden sollten. Es geht nicht an, daß die Karten solange ausgewählt werden, bis das Ergebnis der Erwartung entspricht. Versucht dies jemand, wird er die Erfahrung machen müssen, daß die Karten aufhören, etwas mitzuteilen. Die Karten schweigen, sie zeigen sich wirr und sprunghaft. Dies war in der Praxis vieler Jahre immer wieder deutlich zu beobachten. Die offene Auslegung des kleinen ägyptischen Leitsterns haben die Ratsuchenden weitgehend in der Hand. Das sieht bei der verdeckt oder blind ausgesuchten Version völlig anders aus.

Auch dazu ein Beispiel aus der Praxis.

Ein Mann, der gerade seinen fünfzigsten Geburtstag gefeiert hatte, kam zur Beratung. Seine Frau hatte eine größere Karriere gemacht als er, und so wandte er sich einer Seminargruppe zu, die sich mit den Weisheiten des Okkulten befaßte. Dort lernte er auch eine Freundin kennen, die fünfzehn Jahre jünger als er und aus ihrem Elternhaus geflüchtet war, obwohl sie den Betrieb ihres Vaters einmal übernehmen sollte.

Der Mann wählte aus den verdeckt auf dem Tisch ausgebreiteten Karten fünf aus. Dies geschah, nachdem er die Karten vorher selbst zusammengelegt hatte, dann alle Karten mischte, um sie verdeckt auf dem Tisch aufzulegen. Die Auswahl erfolgte nach dem Prinzip, daß der Ratsuchende auf die Karten zeigt, die dann der Kartenleger aufnahm.

Die fünf Karten wurden aufeinandergelegt. Nun wurde gefragt, ob die Karten von oben oder von unten ausgelegt werden sollen. Die Antwort lautete »von oben«.

Zur Erklärung: Man kann davon ausgehen, daß, wenn die Wahl

»von oben« bevorzugt wird, mehr mit dem Verstand gesucht wird, als wenn es heißt »von unten«. Dann wird schon mehr auf die Seele, das Unbewußte gehört. Die fünf Karten werden dann in folgender Reihenfolge (arabische Zahlen) gelegt.

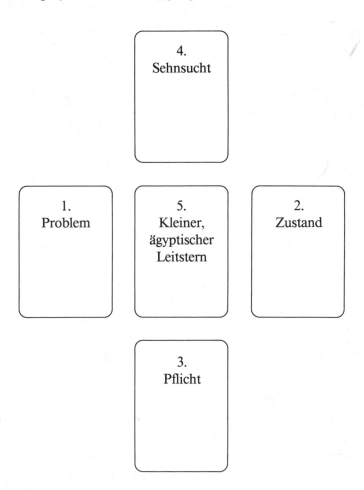

Die Karten fielen wie folgt:

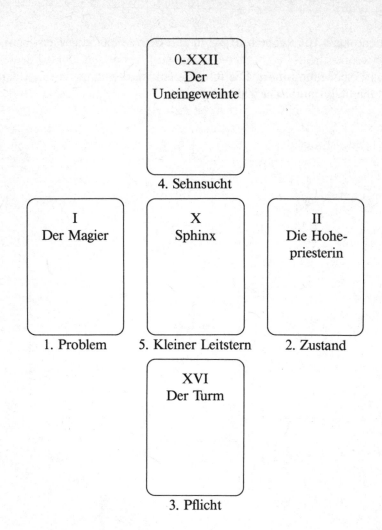

Was sagt uns das Bild?
Interessant, daß als Pflicht die Karte der Zerstörung fällt, die aber hier bedeutet, daß dieser Mann aus sich heraus die Kraft finden muß, sich aus seiner Verkrustung zu lösen. Erst dann wird er seine (sicher bisher verdeckten) magischen Kräfte entwickeln können. Die Karten der Pflicht und des Problems hängen eng zusammen. Sein Zustand ist jedoch mehr auf die Seele, auf eine Hohepriesterin ausgerichtet, so, als erwarte er ein Wunder von außen, jemanden, der ihn an die Hand nimmt. Es ist anzunehmen, daß er eine neue

Liebe sucht, die ihn befreit, während er selbst die Pflicht hat, sich zu erlösen.

Damit bekommt seine Sehnsuchtskarte den Sinn, daß er sich von allem befreien muß, um seinen eigenen Weg zu gehen. Dazu muß er jedoch erst einmal sein bisheriges Leben zerstören. Ob er dann auf seine Freundin wartet, also auf die Sehnsucht, daß sie die Initiative ergreift, ist fraglich. So wurde sein Gewissen befragt: Ist die Freundin nicht nur eine Retterin, die er am besten vergessen möchte?

Der Leitstern mahnt ihn, daß es so nicht geht, daß die Pflichten stets auf ihn zukommen, gerade, wenn das alte Leben zerstört ist, weil dort der Blitz der inneren Wünsche eingeschlagen hat. Das Hocharbeiten bleibt ihm nicht erspart, genausowenig wie das Hinabsteigen in die Tiefe. Dies ist sein Weg der Einweihung, der Mut und Kraft, aber auch viel eigene Opfer erfordert.

Der Mann fühlte sich danach sehr betroffen, meinte nur zum Abschied: »Ich muß mich prüfen – ob ich die Kraft finde«.

Der große ägyptische Leitstern

Während der kleine ägyptische Leitstern nur für aktuelle Lebenssituationen aus dem Moment heraus gelegt wird, macht der große ägyptische Leitstern die grundsätzliche Lebensrichtung erkennbar.

Dieser große Leitstern wird nur nach *einem* System gelegt: Die erste Karte wird hier offen ausgewählt; dann werden die anderen einundzwanzig Karten zusammengelegt, und der Ratsuchende wählt *noch* sechs Karten aus, so daß sieben Karten im Spiel sind. Alle anderen Karten werden beiseitegelegt. Die Karten werden in folgender Reihenfolge ausgelegt, wobei wir gleich sagen, was die Karten jeweils bedeuten. *(Die arabischen Ziffern zeigen die Reihenfolge des Auslegens der Karten; sie sind also nicht mit den römischen Numerierungen der Karten zu verwechseln!)*

```
              7.
            Großer
           Leitstern


   1.          3.            2.
 Problem   Verbindung     Zustand
           von 1. und 2.


              4.
           Resultat
         aus 1, 2 und 3


   5.                         6.
Engagement               Notwendigkeit
```

Dies bedeutet: Das Problem und der Zustand werden durch eine Karte verbunden, die anzeigt, wie beides zu vereinen wäre, was schließlich zum Resultat der Karte vier führt. Die Karte fünf zeigt das Engagemant an, während die Karte sechs die Notwendigkeit oder die Pflichten ausdrückt. Über allem schwebt dann Karte sieben als richtungsweisender Leitstern.

Ein Beispiel.

Eine Frau wußte nicht mehr ein und aus. Sie war nicht sehr glücklich verheiratet. Ihr Mann war aus der gemeinsamen Wohnung ausgezogen, und ihre Kinder schwankten, ob sie lieber bei ihr oder beim Vater wohnen sollten. Die Frau zeigte sich stets sehr verständnisvoll, einfach darauf bauend, daß ihre Liebe alles überwinde, daß die Zeit ihr Recht gäbe. So wählte sie als Karte eins auch die Karte XVII, die Liebe, – ganz dieser vertrauend. Das Kartenbild sah folgendermaßen aus: (siehe Zeichnung auf Seite 200)

Wenn wir die Reihenfolge mittels der arabischen Zahlen verfolgen, erfassen wir recht leicht die Gesamtlage der Frau.

Das Problem besagt, daß ihre Liebe wohl das Magische der Anziehung verloren hat, denn Liebe ohne innere Magie wird zu einem anstrengenden Zustand, wie es die Karte Sphinx (2) ausdrückt. Ja schlimmer noch, der Zustand ist so anstrengend, daß die Liebe gestorben ist beziehungsweise sich völlig gewandelt hat, also vielleicht die entscheidende Schwelle der Erträglichkeit überschritten hat. Als Resultat bleibt dann nur noch, sich die Liebe aus dem Kopf zu schlagen (der Hängende) oder im esoterischen Sinn: sich zu wandeln, die realen Dinge auf den Kopf zu stellen, einen anderen Blickpunkt zu gewinnen.

Das zu erwartende Engagement ist der Mut zur Freiheit, wenn diese auch in ihren Folgen noch nicht erblickt werden kann. (Der Uneingeweihte trägt eine Binde vor den Augen). Die verschlossenen Augen aber beinhalten ja die Aufforderung, das *Blinde* (auch in sich) zu erkennen! Dies führt zur Notwendigkeit, sich Prüfungen zu unterziehen, sich der Zeit anzuvertrauen oder sich sogar einen Lehrer für das kommende Leben zu suchen. Damit zum Leitstern.

Die Karte XI »Die Kraft« bedeutet, daß die Frau an ihre Kraft glauben muß, die stärker ist als alles andere, die auch löwenmutig eingesetzt werden sollte, damit das Kommende gemeistert wird,

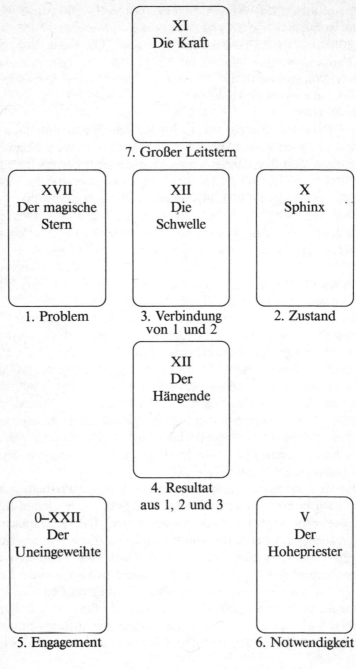

denn Kraft ist vorhanden. Es sei noch empfohlen, eine Karte nach der anderen aufzunehmen und jede Karte sofort auszudeuten, bevor der große Leitstern bekannt ist, und zwar in der Reihenfolge des Auslegens, also von 1 bis 7.

Der große ägyptische Leitstern sollte erst dann sichtbar werden, wenn – dank der anderen Karten – das Problem erkannt ist. Dann setzt der große Leitstern sozusagen den Schlußpunkt. Dabei ist es gut möglich, daß während der Deutung ein Gespräch geführt wird, was die ganze Auslegung noch sehr intensiviert.

Meistens bedingt jedes Bild Assoziationen, die zur Selbsterkenntnis führen. Auch steht es selbstverständlich jedem Tarot-Berater frei, die Auslegeart individuell abzuändern. Wichtig ist nur, daß nicht mehr als sieben Karten genommen werden. Im äußersten Notfall kann jedoch eine achte Karte als Erläuterung für den Ägyptischen Leitstern genommen werden. Das war hier der Fall. Die Frau traute sich die Kraft nicht zu; so wählte sie noch eine weitere Karte aus. Es war die Karte XXI »Das All«, womit klar war, daß sie zu einer neuen Ordnung und damit Einordnung für sich finden würde.

Geben wir noch ein Beispiel aus der Praxis.

Eine Frau, die Medizinerin werden wollte, durfte vom Elternhaus her nicht studieren. Deshalb versuchte sie es als Heilpraktikerin, aber das genügte ihr nicht. In Amerika lernte sie eine Geistheilerin kennen, die sich erbot, ihr eine Ausbildung zu ermöglichen. Zweifel in der Frau führten sie zum Tarot-Berater.

Die Karten fielen wie folgt: (siehe Zeichnung auf Seite 202)

	III Die Pharaonin	
	7. Großer Leitstern	

XXI Das All	VII Die Gewissenswaage	XIV Die zwei Urnen
1. Problem	3. Verbindung von 1 und 2	2. Zustand

	XVIII Der Mond	
	4. Resultat von 1, 2 und 3	

XX Die Auferstehung		XV Dämon
5. Engagement		6. Notwendigkeit

Verlauf der Beratung: Problemkarte »Das All«, also die Frage: Kann ich allen helfen? Zustand = Karte 2 »Die zwei Urnen«. Selbstbefragung: Bin ich würdig, vor den Augen der inneren Gottheiten zu bestehen? (Abgesehen davon, daß die Frau sehr gläubig war, war ihr Ziel hochgesteckt.) Die Verbindung (3) zeigt nun an, daß dies sehr abgewogen werden muß. Das Resultat ergab die Karte XVIII »Der Mond«, was aussagt, daß dazu ein sehr langer Weg notwendig wäre. Das Engagement zeigt an, wie sehr die Frau davon besessen war, anderen zu helfen, wieder auf die Beine zu kommen. Doch die Karte der Notwendigkeit warnt davor, den Dämon in sich nicht zu erkennen und ihn anzunehmen. Die Gefahr der persönlichen Leidenschaft schien gegeben.

Es war zu prüfen, ob die suchende Frau mehr aus Leidenschaft für sich und ihre Aufgabe handeln wollte oder aus innerer Hilfsbereitschaft, wobei das Ego zurückzustehen hat, wie bei jedem wahren Geistheiler. Es kam also auf den großen Leitstern an.

Die Karte war die Karte III »Die Pharaonin«. Diese Karte mahnt, sich zu beherrschen und sich doch lieber mehr den irdischen realeren Dingen zuzuwenden, also mehr die sogenannte übliche Praxis der Heilung fortzuführen.

Die Frau war sehr enttäuscht und wollte noch eine Zusatzkarte ziehen. Es fiel die Karte IV »Der Pharao«. Dies bestätigte die Karte III des großen Leitsterns, so daß die Frau nun begriff, daß der Wunsch, Geistheiler zu werden, zumindest verfrüht war.

Es ist immer gut, wenn sich die Ratsuchenden die gefallenen Karten notieren, um sie zu Hause noch einmal auszulegen. Man kann über diese Karten meditieren, man kann sie auch mehrmals am Tage immer wieder anschauen. Sie vermitteln eine Botschaft, die stets aufgenommen wird, wenn die Karten intensiv betrachtet werden.

Das war hier auch der Fall. Später erklärte die Frau, daß ihr klar geworden wäre, daß sie nicht zu hoch hinaus dürfe; sie wäre sicher dazu noch nicht reif. Die Karte »Dämon« mit den Karten der Beherrschung hätten sehr klar den Weg gewiesen, den sie zu gehen habe.

Dieses Tarotspiel regt also zum Nachdenken an, es vermittelt die Begegnung mit sich selbst. Der große Leitstern sollte schon für eine längere Zeit angenommen werden. Man kann davon ausgehen, daß der Zeitraum seiner Herrschaft drei oder mehr Jahre dauern dürfte und vorher kein neuer gesucht werden sollte.

Damit kommen wir zur Hauptauslegungsart des ägyptischen Tarot – zu den Wegen des Thot.

Die Wege des Thot

In dieser Auslegeart geht es um die Annahme des Schattens, der dunklen Seite jedes Dinges, jeder Sache, jeder Person, jedes Zustandes. Wie eingangs gesagt, war dies für die Ägypter von großer Wichtigkeit, denn sie bauten ihr Grunddenken auf Tag und Nacht, auf Leben und Sterben auf.

Die großen Arkana bestehen aus einundzwanzig Karten plus der Karte des Uneingeweihten; dies ergibt zweiundzwanzig Bilder. Stellen wir uns einmal vor, daß wir uns in einem Tempel befinden, wo wir auf der einen Seite elf Wandbilder sehen; auf der anderen Seite auch. Damit hat jedes Bild sein Gegenüber. Es gehören folglich immer zwei Bilder zusammen, die sich gegenseitig anschauen. Dabei ist – je nach Ausgangspunkt – mal das eine Bild die Aussage des Hellen, mal das andere. Das gegenüberliegende Bild stellt immer den Schatten dar, das Dunkle, die innere Ergänzung. Die gesamte Bemalung des Tempels würde somit einen Bilderzyklus darstellen, zu dem die Suchenden kommen.

Bild für Bild wird nun betrachtet, wobei es wichtig ist, immer die Bildpaare zueinander in Beziehung zu setzen. Wenn sich der Suchende auf ein Bild konzentriert, dann stellt dieses Bild das Helle dar, das Bild hinter seinem Rücken aber spricht für das Dunkle, spricht für das Verborgene, das die Augen nicht sehen, da diese nur nach vorne gerichtet sind. Drehen dann die Suchenden sich um und schauen sie das gegenüberliegende Bild an, dann verkehrt sich alles; dann ist das Dunkle das Helle, das Helle aber das Dunkle.

Es ist wichtig, sich die Anordnung einzuprägen, die wir mittels der Kartenunterschriften einmal gegenübergestellt haben, um so diesen Zyklus besser verstehen zu können. Auch die Paare werden deutlich; man erkennt, welche Entwicklungsstufen sich speziell ergänzen, welche einfach zueinander gehören.

I	Der Magier	0–XXII	Der Uneingeweihte
II	Die Hohepriesterin	XXI	Das All
III	Die Pharaonin	XX	Die Auferstehung
IV	Der Pharao	XIX	Die Sonne
V	Der Hohepriester	XVIII	Der Mond
VI	Die zwei Wege	XVII	Der magische Stern
VII	Der Wagen des Osiris	XVI	Der Turm
VIII	Die Gewissenswaage	XV	Dämon
IX	Der Einsiedler	XIV	Die zwei Urnen
X	Sphinx	XIII	Die Schwelle
XI	Die Kraft	XII	Der Hängende

Das ergibt folgende Ergänzungen:

Hell
Magier (I)
Hohepriesterin (II)
Pharaonin (III)
Pharao (IV)
Hohepriester (V)
Die zwei Wege (VI)
Wagen des Osiris (VII)
Gewissenswaage (VIII)
Einsiedler (IX)
Sphinx (X)
Kraft (XI)
Hängender (XII)
Schwelle (XIII)
Zwei Urnen (XIV)

Dunkel
Uneingeweihter (0–XXII)
All (XXI)
Auferstehung (XX)
Sonne (XIX)
Mond (XVIII)
Magischer Stern (XVII)
Turm (XVI)
Dämon (XV)
Zwei Urnen (XIV)
Schwelle (XIII)
Hängender (XII)
Kraft (XI)
Sphinx (X)
Einsiedler (IX)

Dämon (XV) Gewissenswaage (VIII)
Turm (XVI) Wagen des Osiris (VII)
Magischer Stern (XVII) Die zwei Wege (VI)
Mond (XVIII) Hohepriester (V)
Sonne (XIX) Pharao (IV)
Auferstehung (XX) Pharaonin (III)
All (XXI) Hohepriesterin (II)
Uneingeweihter (0–XXII) Magier (I)

Jede *helle* Karte hat nun ihre dunkle Seite, wobei das Dunkle *nichts* Negatives aussagt. Es geht einfach darum, den Schatten als förderndes Unterbewußtsein, als fördernde innewohnende Kraft anzunehmen.

Der »Dämon« kann durchaus das Helle darstellen, das Bewußte. Wer diese Karte zieht, zieht damit gleichzeitig die Karte »Gewissenswaage«. Gezogen werden immer nur die hellen Seiten. Ist dies der »Dämon«, dann heißt dies, daß hier eine starke, aber noch ungeordnete Kraft waltet, deren Einsatz jeweils genau abgewogen werden muß. Wer die Karte »Magischer Stern« als hell zieht, der muß wissen, daß im Dunklen »zwei Wege« offenstehen, oder: Das Unbewußte macht klar, daß eine Entscheidung getroffen werden muß, wenn der magische Stern wirklich erstrahlen soll.

Wer »Die Auferstehung« zieht, das Wiederaufleben der Kräfte nach Niederlagen (etwa), der muß wissen, daß die Schattenkraft mahnt, auch den Alltag, das irdische Geschehen zu beherrschen (Karte Pharaonin). Wird etwa der »Einsiedler« als helle Karte gezogen, die aussagt, daß sich dieser Mensch in sich zurückziehen will, dann ist damit auch das Dunkle mit im Spiel; das heißt: das Glück ist nicht allein in sich zu suchen, sondern der Einsiedler muß wissen, daß des Schöpfers Segen einfach dazugehört. Wenn wir uns absondern wollen, dürfen wir uns doch nicht von der gesamten Umwelt abkapseln, sondern müssen wissen, daß das Göttliche uns weiterhin führt und lenkt, wenn auch im esoterischen Sinn.

Für das Spiel die »Wege des Thot« benötigen wir insgesamt acht Karten; die Karte acht (zum Auszählen benutzen wir wieder die arabischen Ziffern) ist dabei »Der Rat des Thot«. Das Spiel kennt nur eine Variation, die möglichst nicht abgeändert werden sollte.

Die ersten drei Karten sollten verdeckt ausgewählt werden. Natürlich könnten sie auch offen ausgewählt werden, aber das ergibt die Schwierigkeit, daß viele, die oft mit diesem Spiel umgehen, die Ergänzungs- oder Gegenkarte schon kennen und daher bereits wissen, wo ihre Schatten sind.

Wer Karten und Spiel nicht kennt, kann die ersten drei Karten offen wählen. Nach jeder gewählten Karte (offen oder verdeckt) sucht der Berater die Gegenkarte heraus und legt sie später hin. Die Karten werden erneut gemischt und die zweite Karte gezogen, die Gegenkarte vom Berater dazugelegt und so weiter.

Das Schema:

In der Praxis bedeutet dies: Die erste Karte, die gewählt wird, beschreibt die *persönliche* Lage der Suchenden. Die Ergänzungskarte erläutert dies. Die zweite Karte, die gezogen oder ausgewählt wird, beschreibt den Wunsch der Suchenden, der von der Ergänzungskarte erläutert wird. Die dritte Karte spiegelt die Furcht, die Angst wider, die auch von der Ergänzungskarte beschrieben wird. Die Karte Nummer vier zeigt dann die Gesamtlage in der Realität an, und die Ergänzungskarte dazu ist der Rat des Thot, der nun für die nächste Zeit befolgt werden sollte.

Es werden drei Karten aus den gemischten und verdeckt auf dem Tisch durcheinanderliegenden Karten ausgewählt. Es ist gut, wenn die Suchenden darauf aufmerksam gemacht werden, daß es ihr Schatten, ihre wertvolle, schöpferische Dunkelheit ist, die die Karten wählte. Das Gespür für die Karten schärft sich, und es ist auch gut, wenn es der Mittelfinger der linken Hand ist, der auf die Karten zeigt, weil hier ein gewisser Spürsinn verborgen liegt.

Dicht fährt der Finger über die Karten. Dabei haben die Suchenden das Gefühl, eine Karte sende Wärme, andere Kälte aus. Es spielt hier keine Rolle, ob dies erwiesen ist oder nicht, es kommt nur auf die Konzentration der Suchenden an. Unwichtig ist dabei auch, ob die Suchenden vorher ihr Problem erläutert haben oder nicht. Die Tarot-Berater sollten aufgrund der Karten die Situation erfassen. Selbstverständlich ist dazu viel Übung und auch Erfahrung notwendig.

Ist die Karte 1 ausgewählt, die die *Situation* aufzeigt, könnte über diese gesprochen werden, bis die oder der Suchende die *Ergänzungs-* oder *Schattenkarte* dazu wahrnimmt. (Der Tarot-Berater weiß ja – nach einiger Übung – welche Schattenkarte zur jeweils hellen Karte gehört.) Die Situation insgesamt wird aber erst mit der hellen *und* der dunklen Karte besprochen, bevor es zum *Wunsch* geht, der auch durch zwei Blätter dokumentiert wird und anschließend die *Furcht* erkennen läßt. Wunsch und Furcht hängen ja meist unmittelbar zusammen, weil jeder Wunsch eine Furcht, eine Angst herbeiführen kann.

Nun noch einige Stichworte zum Hellen und zum Dunklen. Diese Stichworte allein reichen aber auf keinen Fall für die Deutung aus.

I–0/XXII	Der Magier muß akzeptieren, daß auch Unwissenheit in ihm lebt.
II–XXI	Die Hohepriesterin strebt erst zum All, besitzt es aber noch nicht.
III–XX	Die Pflichten des Alltags dürfen uns den Blick für das, was danach kommt, nicht verdunkeln.
IV–XIX	Das Beherrschende darf nie die Sonne unterdrücken.
V–XVIII	Der prüfende Hohepriester muß sich selbst auf den Weg machen.
VI–XVII	Der Zweifel muß durch Liebe besiegt werden.
VII–XVI	Der Sieg kann zur Zerstörung führen.
VIII–XV	Ohne Gewissensabwägung triumphiert der Dämon.
IX–XIV	Der Einsiedler benötigt den Segen der Gottheit.
X–XIII	Kein Risiko ohne das Wagnis, eine neue Schwelle zu überschreiten.
XI–XII	Der auf der Höhe Stehende muß zur Umkehr bereit sein.
XII–XI	Umkehr benötigt alle Kräfte.
XIII–X	Eine neue Schwelle zu überschreiten, ist ein Risiko.
XIV–IX	Zur Gottheit kommt man nur durch Insichschauen.
XV–VIII	Unsere Dämonen müssen vom Gewissen gewogen werden.
XVI–VII	Die Zerstörung kann zum Sieg führen.
XVII–VI	Die Liebe benötigt die Entscheidung.
XVIII–V	Der neue Weg braucht die Selbstprüfung.
XIX–IV	Die Sonnenkraft will beherrscht sein.
XX–III	Die Auferstehung führt zu neuen Pflichten.
XXI–II	Das All muß von der Hohepriesterin behütet werden.
0/XXII–I	Die Einsicht in die eigene Unwissenheit weckt magische Kräfte.

Beispiel I

Ein Naturwissenschaftler hatte sich nach seiner Pensionierung intensiv mit grenzwissenschaftlichen Studien beschäftigt. Er hatte immerhin sechzig Jahre lang diesen Dingen sehr ablehnend gegenüber gestanden, war aber durch einen Traum und eine Begegnung mit einer esoterisch sehr interessierten Frau auf die Astrologie gestoßen und wurde plötzlich von dem Drang erfüllte, alle okkulten Richtungen kennenzulernen. Er lernte mit fast wissenschaftlicher Akribie und stand plötzlich vor der Frage, ob er sich nicht einer Reinkarnationstherapie unterziehen sollte.

Seine Frau warnte ihn vor diesem echten Abenteuer der Seele, zumal meist nicht garantiert ist, welche Qualität die Therapeuten und damit die Führer dieser Reinkarnations-Experimente haben. So fragte er einen Tarot-Berater.

Die erste Karte, die gezogen wurde, war der Pharao, der die Situation schilderte:

Karte 1	Ergänzung
IV Pharao	XIX Die Sonne
Helle Situation	Dunkle Situation

Der Naturwissenschafter faßte dies als ein eindeutiges Ja auf, aber der Berater meinte: »Dies sieht mehr nach einem *Nein* aus, denn die Karte besagt ja einmal, daß Sie sich beherrschen, also nicht alles, was sie wollen, auch ausführen sollen; und der Schatten meint im Grunde, Sie sollten doch in Ihrer hellen Welt verbleiben.« Darüber müssen sich alle klar sein, die sich einer Reinkarnations-Rückführung unterziehen: Das Erlebnis bleibt unauslöschlich.

Doch die nächste Karte, die gezogen wurde, sollte ja dem wahren Wunsch – also dem der Seele – entsprechen. Der Mann suchte nun sehr viel langsamer und behutsamer aus.

Karte 2	Ergänzung
XIII Die Schwelle	X Sphinx
Heller Wunsch	Dunkler Wunsch

Der Wunsch war eindeutig. Die Schwelle zeigte an, daß der Mann sehnsüchtig aus dieser Welt *zurück* in eine andere Welt einsteigen wollte. Aber die dunkle Schattenseite bedeutete klar, daß es danach schwer wäre, wieder ins Helle zurückzufinden.

Der Mann war also gewarnt, als er die dritte Karte verdeckt auswählte, die seine innere Furcht widerspiegelt.

Karte 3   Ergänzung
XX Auferstehung   III Pharaonin
Helle Furcht   Dunkle Furcht

Als Furchtkarte kam die Auferstehung zutage. Dies besagt, daß der Ratsuchende gar nicht so sicher war, ob ihm denn eine wahre Rückführung gelänge, auch wenn er sie sehnsüchtig erwartete.

Der Schatten wurde durch die Karte III offenbar, die Pharaonin. Hier wurde der Mann gefragt, was denn seine Frau dazu sage. Die Antwort: »Ich glaube, sie hat Furcht, daß es dann mit der Ehe schwieriger wird«. Er wollte sagen »noch schwieriger«, verbesserte sich aber im letzten Moment.

Nun ging es um die vierte Karte, die der Realität. Da fiel die Karte XV, der Dämon, mit der Schattenkarte Gewissenswaage.

Karte 4   Ergänzung
XV Dämon   VIII Gewissenswaage
Realität   Rat des Thot

Er ist besessen von einem durchaus gefährlichen, ihn antreibenden und fesselnden Wunsch, der überlegt werden soll! Der Rat des Thot bestätigt dies, denn die Gewissenswaage sagt nicht nein, aber sie mahnt zu einer sehr intensiven Selbstprüfung.

Es ist sicher gut, sich das gesamte Kartenbild anzuschauen. (Siehe Zeichnung auf Seite 212)

In dieses Bild versenke man sich etwas, dann wird deutlich, daß der Wunsch nach dem Dunklen das helle, das bewußte Denken sehr beherrscht. Die Schatten aber mahnen eindeutig, und der Rat des Thot ist klar.

Dieser Rat ist übrigens immer *allein* entscheidend. Wenn vorher auch alles schon so aussah, als würde die Frage offensichtlich positiv beantwortet, so kann der Rat des Thot alles umwerfen. Dies gilt selbstverständlich auch für das Gegenteil. Wenn alles sogenannt negativ aussieht, dann kann der Rat des Thot doch alles ins Positive lenken.

Warum dann die Karten vorher?, wird auf Seminaren immer wieder gefragt. Antwort: Weil es hier um eine sehr hautnahe Selbst-

befragung geht. Sonst könnten wir einen Wunsch äußern und eine Karte ziehen. Aber diese Art der Auslegung führt uns und die Ratsuchenden *kaum* auf den richtigen Weg. Deswegen dieses Spiel mit *acht* Karten. Die Acht ist übrigens die Zahl der Lemniskate, also vom Sinngehalt her doch die höchste Zahl, *die* Zahl der Isis.

Da der große ägyptische Leitstern für längere Zeit den Weg weisen soll, ist es gut, über diese Karte etwas zu meditieren. Es wäre auch gut, wenn sich die Ratsuchenden die Karte des Thot, also die Karte des Ratschlages, irgendwo in ihrer Wohnung so hinstellen, daß diese Karte immer wieder in ihr Blickfeld gerät. Geben wir noch ein Beispiel:

Ein recht ratlos, aber sehr intelligent wirkender junger Mensch kam zur Beratung. Er war – nach seinen Worten – sehr abenteuerlich eingestellt, wollte in die Welt hinaus, nach Indien und Ägypten. Aber die Eltern sahen in ihm allein den Verwalter, Hüter und auch Gestalter ihres Erbes, eines recht großen Betriebes. Eigentlich war die ganze Angelegenheit entschieden, denn der junge Mann konnte seine Erziehung nie überwinden. So fügte er sich den Eltern. Aber in seiner Seele mußte doch eine ständige revolutionäre Kraft wohnen, denn immer wieder rebellierte etwas in ihm. So kam es zur Tarotbesprechung.
 Als Situation wählte er offen ausgelegt die Pharaonin.

Karte 1	Ergänzung
III Pharaonin	XX Auferstehung
Helle Situation	Dunkle Situation

Die Lage zeigt die Beherrschung, die Fügung unter die Ordnung, unter die praktischen verwalterischen Aufgaben. Aber im Dunkeln schlummerte der unaufhörliche Wunsch, davon loszukommen, wie verwandelt neu aufzuerstehen, um etwas Neues beginnen zu können.
 Die Karte des Wunsches wurde gezogen.

        Karte 2   Ergänzung
XII Der Hängende   XI Die Kraft
  Heller Wunsch   Dunkler Wunsch

Der Wunsch, alles umzukehren, ist stark im Bewußtsein verankert, und im Dunklen wird Kraft dazu gegeben. Er kann den Löwen zähmen, das bedeutet in diesem Fall die Autorität der Eltern. Doch wovor fürchtet er sich?

        Karte 3   Ergänzung
V Hoherpriester   XVIII Der Mond
  Helle Furcht   Dunkle Furcht

Antwort: Er fürchtet sich vor den Prüfungen, will nicht der verlorene Sohn sein, der zurück muß, will nicht überfordert werden. Und im Dunkeln bedeutet dies wohl auch, daß ihn das neue abenteuerliche Leben in anderen Erdteilen vielleicht nur kurze Zeit reizen würde. Nun mußte die vierte Karte entscheiden.

        Karte 4   Ergänzung
0/XXII Der Uneingeweihte   I Der Magier
      Realität   Rat des Thot

In der Realität ist dieser junge Mann innerlich ein Suchender, ein Blinder mit der Gefahr abzurutschen. Der Rat des Thot geht also darauf hinaus, daß er überhaupt erst seine magischen Kräfte zu entwickeln hat, mit ihnen umzugehen lernt, und daß er erst am Beginn eines möglichen Weges steht! Der Betroffene war nicht sehr begeistert, aber durchaus nicht entmutigt. Er bedrängte seine Eltern, bis sie ihm drei Monate Urlaub gaben, damit er sein Indien, sein Ägypten persönlich in Augenschein nehmen könnte.

    Aus Kairo schrieb der junge Mann, daß er sich einer archäologischen Gruppe in Theben angeschlossen habe, und daß er längere Zeit brauchen werde, um sich über seinen weiteren Weg klar zu werden. Die Eltern traf dies wie ein Schock; aber was half es? Nach zwei Jahren akzeptierten sie die Entscheidung ihres ältesten Sohnes, und übergaben, nachdem sie ihren Ältesten bis auf das Pflichtteil enterbt hatten, alles seinem jüngeren Bruder.

Zur Medititation noch einmal alle Bilder insgesamt.

III Die Pharaonin	XX Die Auferstehung
Helle Situation	Dunkle Situation
XII Der Hängende	XI Die Kraft
Heller Wunsch	Dunkler Wunsch
V Der Hohepriester	XVIII Der Mond
Helle Furcht	Dunkle Furcht
0-XXII Der Uneingeweihte	I Der Magier
Realität	Rat des Thot

Wer sich in dieses Bild der acht Karten einfühlt, wird feststellen, daß eigentlich alle Karten in sich folgerichtig gewählt sind. Die Mutter regiert die Lage, die Situation; der Mann will auferstehen, um völlig neu anzufangen, wobei die Seele ihm die Kraft zutraut. Aber er steht vor der Prüfung seines Gewissens, ob er bereit ist, seinen ganz persönlichen schwierigen Lebensweg zu gehen, um sich aus der Welt der Uneingeweihten zu befreien und ein Magier zu werden.

Nachwort

Wir sind einen weiten Weg gegangen. Einen Weg, der uns um Jahrtausende zurück zur Wiege der abendländischen Kultur führte – nach Ägypten. Aber auch ein Weg in uns zurück, denn wer sehnt sich nicht im Tiefsten danach, etwas vom Sinn der Einweihung zu erfahren? Der Mensch wird sich da oft sehr klein vorkommen, aber um so deutlicher erkennt er die Geschenke, die ihm der Segen der Gottheiten zukommen läßt. Die Götter leben in uns, wenn wir sie auch meist in den Himmel projizieren. Die Ägypter lebten noch eng mit ihren Göttern, lebten im und nahe um den Tempel; so bekamen alle etwas von den einweihenden Zeremonien mit.

Der Tarot ist vielleicht nicht das älteste Buch, das wir kennen, aber ganz bestimmt das mit der tiefsten Esoterik, und damit wohl das weiseste Buch, das es gibt, wenn wir die Bücher der Religionen einmal ausklammern.

Wer auf dem Einweihungsweg vorangeschritten ist, mag zwar stehenbleiben, aber irgend etwas in ihm wird ihn vorwärts treiben, bis er den Weg aller einundzwanzig Stationen (wenn auch nicht in der numerischen Reihenfolge) gegangen ist. Ein Weg, der die Seele erfüllt und Wissen schafft, der den Blick erweitert und hilft, das Wichtige vom Unwichtigen zu unterscheiden. Diese Tarotbilder öffnen Türen, die sonst verschlossen blieben. So kann man diese Blätter als Geheimschlüssel bezeichnen, mit denen jedoch nur die etwas anfangen können, die die Bilder in sich aufgenommen und verstanden haben. Der Tarot kann uns unter Umständen sogar zum Sinn des Lebens führen, wenn auch der Weg bereits das Ziel ist.

Literaturverzeichnis

Emma Brunner-Traut, Hellmut Brunner und Johanna Zick-Nissen: *Osiris – Kreuz und Halbmond;* Philipp von Zabern, Mainz, 1984.
Alexander Eliot: *Mythen der Welt;* Bucher, Luzern/Frankfurt, 1976.
Elisabeth Haich: *Tarot;* Drei Eichen, München, 1971.
Manfred Lurker: *Das Tier als Symbol im alten Ägypten;* Senckenberg, Frankfurt, 1979.
Bernd A. Mertz: *Astrologie und Tarot;* Ansata, Interlaken, 1981.
Bernd A. Mertz: *Kartenlegen;* Falken-Handbuch, Niedernhausen, 1985.
Woldemar von Uexküll: *Eine Einweihung im alten Ägypten;* Schwab, Argenbühl-Eglofstal, 1957.
Mohamed Saleh und Hourig Sourouzian: *Die Hauptwerke im Ägyptischen Museum Kairo;* Philipp von Zabern, Mainz, 1986.
Jürgen Settgast als Leiter der Gesamtredaktion: *Tutanchamun;* Philipp von Zabern, Mainz, 1980.
Hans Strelocke: *Ägypten und Sinai;* DuMont Reiseführer, Köln, 1976.
Maria Szepes: *Der rote Löwe;* Heyne, München, 1984.

Verlag Hermann Bauer · Freiburg im Breisgau

Hans-Dieter Leuenberger

Schule des Tarot

Die *Schule des Tarot* ist ein Lebensbuch, das den Leser auf seinem ganzen Lebensweg begleitet und ihm immer wieder mit Rat und Antwort dient. Gleichzeitig ist das dreibändige Werk eine Einführung in die Esoterik, die sich an alle ernsthaft Suchenden wendet, die offen und bereit sind, sich von der magischen Wirkung des Tarot, die womöglich seine Weltanschauung und seine Lebensführung verändern kann, berühren zu lassen.

Band I: Das Rad des Lebens. Ein praktischer Weg durch die großen Arkana.
4. Aufl., 318 S., 22 s/w-Abb., 9 Zeichn., geb. ISBN 3-7626-0243-3
Im ersten Band wird eine eingehende Analyse der 22 großen Arkana und eine Einführung in die Sprache der Bildsymbolik gegeben. Der Leser lernt Inhalt und Bedeutung der einzelnen Tarotbilder kennen und wird systematisch darin geschult, Bildsymbole zu entschlüsseln und zu interpretieren.

Band II: Der Baum des Lebens. Tarot und Kabbala.
3. Aufl., 423 Seiten mit 13 Zeichn., geb. ISBN 3-7626-0233-1
Der zweite Band behandelt die 56 kleinen Arkana und legt dar, in welcher Weise der Tarot als Ganzes mit der Kabbala verbunden ist. Der Leser wird mit den Grundzügen des kabbalistischen Denkens vertraut gemacht. Dabei ist das Ziel nicht eine Anhäufung theoretischer Kenntnisse, sondern es wird ein Weg gezeigt, wie erworbenes Wissen in der Praxis verwirklicht werden kann.

Band III: Das Spiel des Lebens. Tarot als Weg praktischer Esoterik.
2. Aufl., 303 Seiten mit 31 Zeichn., geb. ISBN 3-7626-0286-7
Im dritten Band liegt der Schwerpunkt besonders auf der praktischen Anwendung des Tarot in bezug auf die Bewältigung der täglich anfallenden Lebensprobleme. Der Leser lernt, wie er mit Hilfe des Tarot seine vielfältigen Lebensaufgaben und Probleme und sein persönliches Leben besser und im Einklang mit der kosmischen Ordnung gestalten kann.

Verlag Hermann Bauer · Freiburg im Breisgau

Verlag Hermann Bauer · Freiburg im Breisgau

Dio Raman

Der praktische Tarot

3. Aufl., 112 Seiten mit 30 Abb. und 22 Tarotkarten; gebunden

Im menschlichen Unterbewußtsein leben bestimmte Urbilder, die Freud und vor allem C. G. Jung ans Tageslicht zogen und neu definiert haben. Auf jeder der 22 Tarotkarten wird eines dieser Urbilder symbolhaft-vereinfachend dargestellt. Mit Hilfe der Urmodelle werden die Karten gelegt und unbewußt gesteuert. Ob die daraus abgeleitete Deutung zutrifft oder nicht hängt vom geschulten Blick, von der Erfahrung und dem Einfühlungsvermögen des Kartenlegers ab.

Tarot ist ein Spiel, das viel Ruhe, Zeit und innere Ausgeglichenheit erfordert und eignet sich nicht für Fragen wie »Wird es morgen regnen?« oder »Werde ich im nächsten Jahr ein Auto haben?« Tarot ist vielmehr ein geistig betontes, fast religiöses Spiel mit psychologischen Aspekten. Es ist ein Instrument, das der Mensch benutzen kann, um Einblick in sich selbst zu erhalten und das er nach Belieben befragen kann.

Das vorliegende Buch ist für Menschen bestimmt, die mit Hilfe des Tarot Licht auf allgemein menschliche Probleme werfen wollen. Es gibt eine geistige und praktische Einführung in die Welt des Tarot, deutet dann jede der einzelnen 22 Karten des Großen Arkanums ausführlich, um anschließend zu einer eingehenden Beschreibung von Auslegung und Interpretation überzugehen.

Verlag Hermann Bauer · Freiburg im Breisgau